Start Now Marketing in the Digital age

これからはじめる
デジタル時代の
マーケティング

向 正道・宮元万菜美 [著]
MUKAI Masamichi　MIYAMOTO Manami

中央経済社

まえがき

　デジタル技術の進化は目覚ましいものがあります。そして，このデジタル技術の進化に大きく影響を受けたのがマーケティングだと言えます。1990年代後半からのインターネット拡大，2000年代後半からのモバイル，さらにSNS（Social Networking Service）の拡大も目覚ましいものがあります。

　このようなデジタル技術の進展によって，消費者の行動も以前とは全く異なるものとなりました。店舗で商品を買っていたものが，ネット上での購買行動へと変化し，最近は商品を所有するのではなく，必要に応じて利用するものへと意識の変化も見られます。このような消費者の行動の変化は，消費者自身が何に価値の重きを置くかにも変化をもたらしています。近年は「体験（Experience）」という言葉で言い表されるように，購買やサービスの利用に対して，一連の体験をストーリーとしてデザインする必要性も出てきました。

　本書は，デジタル時代のマーケティングについて，理論的かつ実践的な理解を得ることを目的としています。入門レベルのマーケティングを習得した方に向けて，デジタル時代のマーケティング戦略を包括的に理解いただくことをゴールに置いています。読者として，大学生，大学院生を想定していますが，これから企業でマーケティング業務を始める実務家にも十分通用する内容として執筆しています。

　筆者は二人とも，実務家であり，研究者であり，教員でもあります。それぞれの経験を踏まえ，これまでの書籍と比較して，理論と実践をバランスよくまとめました。確かに，デジタルマーケティングを扱った実務書はたくさんあります。内容的にも時代の先端を行く書籍が出版されています。ただし，実務家の書籍は，その著者が得意とする領域を中心に扱った書籍であったり，特別な企業の最新事例紹介のような書籍であったりする印象です。このような断片的な知識やスキルを扱った書籍では，統合的なデジタル時代のマーケティング戦略を立案できるわけではありません。一方で，理論的な視点に偏ると，包括的ではありますが，どこかで見聞きした事例の解説だとか，実務的な視点とやや

距離のある内容であったりする印象です。

　本書は，実務的にテクニカルなマーケティング戦略を扱った書籍ではありません。また理論の解説だけを目的としていません。売上を上げる，優良顧客のロイヤルティを形成する等，本来企業が目指すべきゴールにどのように接近していけるのかを総合的に理解いただくことを趣旨としています。具体的には，マーケティングプロセス上のさまざまな側面から，各プロセス上の施策を統合して，企業が目的とするゴールに近づくために，デジタルな世界をどのように構築し，成果を上げればよいのかを解説していきます。

　本書の構成は，まずデジタル化がもたらすマーケティング施策の変化について説明します（第Ⅰ部）。デジタルな世界は顧客だけでなく，多くの関係者やモノがつながることで旧来のマーケティング施策に大きな変化をもたらしています。これら施策の変化を踏まえ，顧客とのデジタル接点となるトリプルメディアを通じたプロモーション施策（第Ⅱ部），プロモーション施策以外の，商品，チャネル，価格面での対応（第Ⅲ部）について説明します。以上の理解のもと，第Ⅳ部では顧客の購買行動に沿って，総合的なマーケティング戦略の実現，またサービス化する世界において顧客との接点となるソフトウェアプロダクトをどのように企画し，実装していくかを紹介します。

　もちろん，デジタルマーケティングの世界はどんどん変化していきます。たとえば，個人のSNS上の属性情報やホームページ訪問履歴をベースにした広告戦略は執筆時点で重要な施策となります。ただし，現在，社会的にはこのような施策に対する批判もあり，大きな見直しを迫られる過渡的段階にあります。本書の執筆者として内容に責任を持たなくてはいけない立場ではあるのですが，大学の授業では，「デジタルマーケティングの教科書は，現実の社会や企業の取り組みである」と説明しています。世の中のトレンドに対する感度を高め，本書で説明する根幹をなす理論や現実をうまく切り取るフレームワークをもとに，世の中を読み解いていただければと思います。

　2023年7月

著　者

目　次

第Ⅱ部

デジタルメディアのマーケティング戦略

第Ⅲ部

デジタル時代のマーケティングミックス

第Ⅲ部

デジタル時代のマーケティングミックス

第Ⅳ部　デジタルマーケティング戦略の立案と推進

第 I 部

デジタルはマーケティングを どのように変えるのか？

第**1**章

はじめに
―デジタル時代のマーケティング

1　デジタル時代とマーケティング

　日本でインターネットが広く利用されるようになって，ほぼ30年[1]です。この間に，「デジタル化されたもの」や，「オンラインでできること」がさまざまな場面で増えたことは，皆さんご承知のとおりです。

　マーケティングには，普遍の考え方とされるものがあります。本書ではその土台の上で，時代に合った考え方や方法を取り入れていくためのデジタルマーケティングを学んでいきます。

（1）　デジタル時代とはどんな時代？

　皆さんは，デジタル時代とかデジタル社会という言葉に，どのようなイメージをもっているでしょうか。2016年1月に内閣府が発表した「第5期科学技術基本計画（平成28〜平成32年度）[2]」の中では，Society 5.0[3]という名称で，未来の社会像が示されています。

　Society5.0では，サイバー空間とフィジカル空間（現実空間）を高度に融合させたシステムが新たな価値をもたらし，一人ひとりが快適で希望の持てる社会となることで，経済発展と社会的課題の解決を両立する社会が描かれています。

　このような書き方をされると，とてつもなく遠い未来のような気がしてしまうでしょう。しかし，公開されたSociety5.0のイメージ映像（現在は非公開）では，地方に住む普通の高校生が，自宅のAIスピーカーでパンとサンドイッチを注文してお店でピックアップ，スマートフォン（スマホ）でキャッシュレス決済し，自宅には真新しいスニーカーがドローンで宅配されてくるといった

シーンが，日常の風景として描かれています。Society5.0で描かれたのは，デジタルとオンラインが誰にとっても当たり前，社会の揺るぎない基盤となるという話です。

　動画公開の時点では，「まだかなりデフォルメされた空想だな」と思った軽食のオンライン注文もキャッシュレス決済も，たった5，6年の間にそれほど珍しいものではなくなりました。完全とは言えないまでも，そのような風景は私たちの生活の中で，着々と現実のものになっています。またそこには，パンやスニーカーを作る人，売る人，デリバリーサービスやリアル店舗など，普通の人々による日常のビジネスが，溶け込むように存在しています。

図表1-1　Society 5.0が描く社会

出所：内閣府　https://www8.cao.go.jp/cstp/society5_0/（2022年8月31日閲覧）

　このようなデジタル社会を実現する技術的な要素を総称して，SMACITと呼ぶことがあります。Society 5.0の提唱とほぼ同時期の2016年3月に，マサチューセッツ工科大学情報システム研究センター（MIT CISR）の研究チーム

が公表した，ワーキングペーパー[4]（論文や本になる前の研究文書）の中で登場したものです。後にこの研究は書籍[5]にもなりましたが，SはSocial（ソーシャル），MはMobile（モバイル），AはAnalytics（分析），CはCloud（クラウド），ITはIoT（モノのインターネット）です。

これらの技術は一言でいえば，顧客を「セグメント」ではなく「個」でとらえ，必要なものごとに「いつでも」・「どこからでも」・「簡単に」接触することを可能とする技術です。また，IoT端末からクラウドに集まるデータをもとに，客観的な分析によって，リアルタイムな顧客対応を実現することにもSMACITが用いられます。「技術的な話は苦手」というマーケッターは少なくありません。しかし，企業収益を生み出すプロセスであるマーケティングが，このようなデジタル社会を構成する要素技術と無縁であるはずがないと思いませんか？

（2）　デジタル化で変わる風景

デジタルデータには，蓄積や加工がしやすい，複製コストが限りなく小さい，減衰しにくくオンライン通信に向いている，といった便利な性質があります。コンピューターを用いた定型処理にも馴染みやすいことから，デジタル化には自動化を促進し，仕事のありようを変化させるパワーがあります。

一般的によく言われるのは，業務プロセスのどこかを自動化したり，オンラインで遠隔管理をしたりすれば，業務の効率化でコスト圧縮が期待できるという話です。人手でなくてもできることは，デジタル機器にやってもらって，リソースの配分を質的に変えていけば，人的稼働はプログラム化できない創造的な仕事に回すこともできるでしょう。

マーケティング観点からの重要なポイントには，デジタルによる買い物風景や，顧客接点の変化ということがあります。近ごろはスーパーマーケットやコンビニエンスストア，書店など，さまざまな店舗にセルフレジがおかれるようになりました。セルフレジでは，顧客は買い物の計算と支払いを，店員の手を介さずに半自動で行います。2018年にアメリカ国内でAmazonが始めた，完全無人のデジタル店舗「Amazon Go」[6,7]では，買い物客はレジで決済する必要すらありません。

　Amazon Goで買い物をするには，あらかじめ会員登録と専用アプリのインストールが必要です。アプリをかざしてゲートを通り店内に入ると，いたるところに設置されているカメラやセンサーが，顧客の動きを認識しています。

　これらの機材はシステムにつながっており，顧客がどこを通って何を見て，どの商品を手に取ったか（戻したか）というような挙動を把握しています。

　Amazon Goでは，商品棚にも赤外線や多数のオンラインセンサーが設置されています。それらは圧力や重量などを感知し，商品の在庫や置かれた場所の変化などをトラッキングします。これらのデータを，リアルタイムで専用アプリと連携させることによって，顧客はレジに並ぶことなく，店を出ると同時にAmazonのアカウントで決済ができるというわけです。このよう，レジなし決済のことを，**ジャスト・ウォークアウト**（Just Walk Out）[8]と言います。2007年に開始された食料品配達サービスAmazon Freshも，アメリカ国内では2020年からジャスト・ウォークアウト方式の食料品小売の実店舗経営に参入しています[9]。

　もちろんこれらの店舗での購買履歴は，Amazonのクラウドプラットフォーム上に蓄積され，さまざまな分析の元データとなります。まさに，SMACITな風景です。日本でもコンビニエンスストアを皮切りに，省人化を目的とする実験的な無人店舗の導入[10]が始まっています。

図表1-2　シアトル市内のAmazon GoとAmazon Fresh

（筆者撮影）

このようなデジタル化されたスマート店舗では，顧客は店に対してほぼ無言で帰っていきます。従来，レジや店頭で顧客と交わされる会話は，ビジネスヒントになるかもしれない，生の声が聞ける機会だと考えられてきました。セルフレジや無人店舗が普及すると，もしかすると企業は，顧客とのコミュニケーションチャネルの1つを失うような気分になるのかもしれません。

しかし，デジタル店舗では「いつ，何が，何個売れた」という購買データや，「どういう手段で，いくら払った」という決済情報が取得できます。それらのデータが顧客IDと紐づいていれば，市場の見え方は「統計的な顧客の集合体」から，「識別可能な個々の顧客」へと変貌します。顧客は無言でも，そこはデータが雄弁に語る場となるのです。

（3） デジタルマーケティングに必要な視点

「いい技術を持っていれば，いい商品が作れる」，「いい商品さえ作れば，黙っていても売れる」，「いいものは売れ続ける」というのは本当でしょうか？

自社の商品やサービスに自信を持つのは大事ですが，たいていの場合は競合する商品やサービスがあります。あるいは，時計がなくてもスマホで時刻がわかるとか，ビールがなくても発泡酒があればいいやと思うなど，顧客が必要とする機能や商品の代わりになる代替品は，世の中案外たくさんあるものです。

マーケティングとは，顧客に自社の商品を「買ってください，買ってください」と連呼することでも，宣伝することでもありません。そういうことがあるとしても，それは自社の商品やサービスをお客様にお届けするまでの，ほんの一局面です。

マーケティングとは[11]，端的に言えば「市場で顧客となる者が，自らのニーズや欲求を満たすものを価値として手に入れるために企業が行う，すべてのプロセス」です。企業側の目線で言えば，「人や社会のニーズを見極め，それに応えることで収益を上げること」です。現在のお客様や，これからお客様になってくれるかもしれない人々，すなわち「顧客」が必要としているものや，満たされたいと思っていること（ニーズ）を知り，市場に価値として提供し，対価と交換することによって，ニーズに応えることです。そのためには，顧客とのコミュニケーション接点となる「場」が必要です。そのこと自体は，デジ

タル時代になっても基本は変わりません。

　オンラインで物を買ったり，サービスの予約や申し込みをしたりすることは，きわめて日常的になりました。今や，インターネットが登場したころの赤ちゃんは，ほとんどが購買力のある社会人です。さらにこれからは，「現役時代から，インターネットをバリバリ使っていました」というシニア層の割合が増えていきます。つまり，SMACITの要素が自然に浸透することで，今この瞬間にも「顧客」の情報リテラシーは進化し，顧客と出会い，コミュニケーションを交わす場が，デジタル空間に拡張しているのです。

　前出のMIT CISRは，「企業は，SMACITとすでに保有している能力とを組み合わせることで，魅力的な新しい価値（Value proposition）を提供する機会を作り出せる」とも言っています[12]。逆にもし，これらの要素に対応できなければ，既存のビジネスは収益性を脅かされるとも言うのです。企業のマーケティングは，どう考えてもデジタル時代に対応した新しい概念や方法を，取り入れていかざるを得ないということでしょう。

　ただし本書では，いきなり「スゴいデジタルビジネス」をやりましょうとは言いません。投入できる経営資源も有限です。優先順位をつけ，本当に必要で，できるところから堅実にやっていくべきです。気がつけば，消費者がモノを買う，サービス提供を受けるといったことの風景が，これほど短時間に変化している今，マーケターがデジタル社会にどう向き合っていくかを，「ニーズに応えるための手がかりとなる概念」，「購買行動」，「コミュニケーション接点」などの観点から，真剣に考えていきたいと思います。

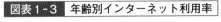

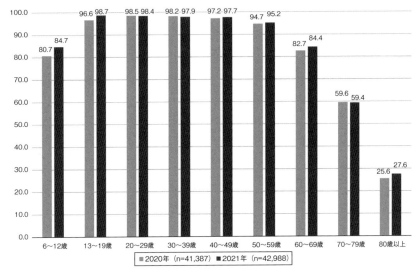

図表1-3 年齢別インターネット利用率

■2020年（n=41,387）■2021年（n=42,988）

出所：総務省「令和4年 情報通信に関する現状報告の概要」より
https://www.soumu.go.jp/johotsusintokei/whitepaper/ja/r04/html/nf308000.
html#d0308170

（4） 顧客のニーズとエンゲージメント

　顧客のニーズは，必ずしも「こんな形で，こんな機能で何色の○○……」という，はっきりしたものではないことがあります。また，本当に必要な物ごとが何かを，顧客本人が自覚していないこともあります。顧客には，ニーズが顕在化している買い手（顕在顧客）と，そうでない買い手（潜在顧客）がいるのです。

　たとえば，馬や牛しか見たことがない時代の人々に，「早く・楽に移動するのに，あなたは何が欲しいですか」とアンケート調査をしたところで，絶対に「電車」とか「自動車」という回答は返ってこないでしょう。そんなときには誰かが，「遠くまで，早く・楽に移動したい」と思う人々の潜在的なニーズに気づいて，「自動車や電車で移動できる」市場を作り出すことで，ニーズに応えていかなければなりません。商品開発を人の経験や勘に頼るしかなかった時

代と異なり，人々がデジタル空間に足あとを残していく時代には，「人に聞くよりデータに聞け」。デジタル時代のマーケティングはデータ主導型のマーケティングだと言われる理由はここにあります。

　また，ビジネスには継続性が必要です。いくらある商品がヒットしても，それが一過性ではビジネスは成り立ちません。顧客に「次はもう買わない」と思われてしまえば，事業継続はおぼつきません。いい技術を持っていれば，いい商品が作れるという話は，完全な間違いではないかもしれませんが，足りない視点があります。それは，

- いい商品かどうかは，作り手の評価だけでは決まらない。
- いい商品を作っても，その価値が買い手に認知されなければ売れない。
- 顧客とはできるだけ，長期に良好な関係性を築く必要がある。

という，企業と顧客の関係をとらえる視点です。企業と顧客との間に生まれる絆や，長期間に維持される顧客の信頼感や，簡単に他に乗り換えようとは思わないといった心理のことを，**顧客エンゲージメント**と言います。

　顧客エンゲージメントの構築や維持には，要所でのコミュニケーションが必要です。現代のビジネスは，リアル空間とサイバー空間を継ぎ目なく行ったり来たりしながら成立する方向に進んでいます。デジタル時代の顧客は，いつでもどのチャネルからでも注文や問い合わせをし，支払いを行い，カスタマーサポートを受けられることを望み，このことによってエンゲージメントを深めていくことでしょう。

　お客様は直接商品を見たり触ったりしなくても，買い物をするようになりました。顧客を深く理解し，素早くニーズに対応するために，そして顧客エンゲージメントを深めていくために，デジタルの顧客接点やチャネルづくりは重要な要素となっています。

2　デジタル化する顧客体験

　デジタル時代のマーケティングは，これまでのマーケティングの原理を放棄するものではありません。むしろ，普遍的な原理を押さえた上で，特有の性質や時代性を踏まえた，深みのあるマーケティングを実行していかなければなり

ません。まずは，デジタル化する顧客の購買体験について見ていきましょう。

（1）　購買体験の変化と顧客満足

　セルフレジや無人のデジタル店舗の場合，会話はなくても物理的には顧客は近くのリアルな空間にいます。一方で，多くのオンラインビジネスにおいては，顧客の姿は見えず，どこにいるかも不定ということがしばしばです。それでもまだインターネットの普及期は，リアルの世界とオンラインの世界は「あちらはあちら，こちらはこちら」という感覚で，どちらかに分断されていたようなところがありました。しかし，今ではその境界すらどんどん曖昧になってきています。

　顧客が，オンラインとリアルの間を往来しながら購買行動をとる社会では，顧客はデジタル空間に存在するイメージが強くなります。たとえば，2020年代に入ってから急速に注目を集めているデジタル空間に，**メタバース**[13]と呼ばれる3次元のサイバー空間があります。今のところメタバースは，主にゲームやオンライン会議などの，オンラインリソースが比較的少なくて済むケースで使われているというのが実情です。しかしこれを，顧客接点のビジネス空間として，もっと活用していこうという挑戦がすでにいくつか始まっています（図表1-4）。

　すべての企業にいきなりメタバースを導入せよとまでは言いません。しかし，企業がこのような仮想空間の中で優れた顧客体験を提供することは，単なる販売策というよりは，多様化する顧客体験の深化やエンゲージメントを高めていくための方策の1つだと言えるでしょう。

　ところで，人間は失敗することを恐れ，イヤな体験ほど後々までよく覚えているものです。それはどうやらそのような体験が，生命の危険と紙一重だった太古から本能的に刷り込まれているものらしいのですが，このことは購買行動にも表れているような気がします。たとえば，私たちが何かを買う前にインターネットで商品の仕様や価格を熱心に調べたり，口コミサイトに書かれていることを隅ずみまで読んだりするのは，「買い物で失敗したくない」という気持ちの表れでしょう。

　購買後に誰かに感想を話したり，口コミサイトに意見を書き込んだりしたく

図表1-4　メタバースのショッピング風景（イメージ）

出所：https://prtimes.jp/main/html/rd/p/000000085.000017626.html（2022.8.2アクセス）

なるのは，ある種の社会的な欲求の表れだとも考えられます。

　ある調査によれば，人は，ポジティブな体験や感情はせいぜい3～4人程度に話せば気が済んでしまうのに対して，不満足だったことやネガティブな感情は10人以上に話さないと気が済まないということです。これはマーケティング的に興味深い話です。つまりそれは，「満足よりも不満足のほうが，大勢に伝わりやすい」ということを意味するからです。デジタル時代は一瞬で情報が広範囲に拡散する時代です。企業にとって，顧客の満足・不満足の体験が，いかにその後のビジネスにインパクトをもたらすかは，想像に難くありません。

顧客満足とは？

　顧客満足は，事前の期待と顧客が実際に知覚した価値（パフォーマンス）との差によって表されます。ですから同じクオリティの商品やサービスでも，大げさで過大な期待を抱かせるのと，普通に・適度な期待を抱かせるのとでは結果が違ってきます。

　たとえば，それなりに十分に美味しいラーメン店があったとします。そこに2人のお客さんがやってきます。同じラーメンでも，過大な期待を持って来たお客さんは「なんだ，わざわざ食べに来たのに大したことはないじゃないか」という不満を抱くことになります。しかし，それほどの期待を持たずに来たお客さんは，「あら，思ったよりいいじゃないの」というプラスの満足を感じるというわけです。

　過剰な宣伝文句で期待をあおるような広告を目にすることがありますが，そのようなことで過大な期待を持たせることは，かえって顧客を失望させて不満を増幅させる可能性が高いのです。そうかといって，謙遜しすぎて過小な期待しか持たせることができなければ，そもそもお客さんは買おう（行こう）と思いません。適度な期待を集めて集客し，期待以上のパフォーマンスを示すのがマーケティングの王道です。

図表1-5　事前の期待と顧客満足の関係

$$\boxed{\begin{array}{c}満足\\（または不満足）\end{array}} = \boxed{\begin{array}{c}顧客が実際に知覚した価値\\（パフォーマンス）\end{array}} - \boxed{\begin{array}{c}事前の\\期待\end{array}}$$

（2）　デジタル時代のCX

　デジタル社会では，大きな資本を持たなくても，誰もが情報を発信することが容易になりました。また情報流通の速度が加速したことで，顧客の評価が簡単に流布し，勝者・敗者がすぐに確定する可能性も高まっています。

　カスタマー・エクスペリエンス（以下CX：Customer Experience）は，日本語では**顧客経験価値**または，**顧客体験価値**といいます。近年は，商品やサービスの機能や品質，価格などが直接に示す価値だけではなく，購入プロセスや購買後の感想といった一連の体験を，顧客の感情的な価値としてカウントする考え方が注目されています。

　特にデジタルマーケティングでは，購買前に情報を収集する段階からの体験が大事だと言われます。ネット上に記述される第三者の感想や評価も，顧客にとっては体験価値の一部とみなされます。なぜならオンラインショッピングでは，実際の商品を手に取って，見たり試したりすることができないからです。初めての買い物の場合は特に，既存顧客の体験を心理的に追体験する影響が大きいと言われ，それによって新規顧客は購買意思を固めたり翻意したりすることになります。買う前に実際に触って試せないものは，信頼できる人や情報源の評価に頼って，買うかどうかを判断するというわけです。

　顧客に「買い物で失敗したくない」という心理が強いと，商品は簡単には売れません。口コミサイトやSNSでの評判が注目を集める背景には，このような消費者心理があります。口コミで徐々に評判が伝わっていくことを**バイラル**といいます。

　消費者向けのEC（Electric Commerce）が当初，本のようにどこで買っても内容や値段が変わらないものから普及していったように，最初は「失敗のない」ものからおそるおそる始めることが多いのがオンラインショッピングです。しかし実際の体験を通じてよさがわかってくると，他のものも買ってみようか，また買いたいという風に，顧客の意識や行動が変容します。このときの，顧客の「買い物に成功した」，「期待した成果や満足を得られた」という状態のことを，**カスタマー・サクセス**といいます。デジタル時代のマーケッターは，カスタマー・サクセスがオンラインのバイラルにつながることを無視できません。

　満足度の高い顧客は，従来から価格にあまりこだわらずに長期の**ロイヤルティ**[14]を示し，時にはアイデアを提供してくれたりもする有難い存在として理解されてきました。満足度の高い顧客は好意的な口コミ源となり，時には批判的な口コミに対抗してくれる可能性すらあると言われています。企業はバイラルを都合のいいようにコントロールすることはできませんが，顧客に満足を感じてもらう良好なCXを提供することは可能です。

　現代は，商品やサービスがコモディティ化するスピードが速く，商品の仕様だけで差別化を図るのは難しい時代だと言われます。コモディティの宿命ともいえる低価格競争に陥ることは本来，ビジネスとして望ましい状態ではありません。顧客の購買行動を後押しするCXと，カスタマー・サクセスの提供によって良好な関係性を維持していくことが，連鎖的な市場開拓や競争優位性につながります。

（3）　デジタルに残る購買記録と体験

　実際に取引される商材以外に，デジタルマーケティングに必要なものは，何でしょう？　それは，**オンライン環境**とPCやモバイル端末などの**デジタルデバイス**，そして取引やコミュニケーションに必要な，デジタル化された情報やコンテンツです。

　デジタルマーケティングとリアルビジネスとの違いは，顧客が目の前にいるかどうかだけではありません。違いの１つは，顧客との意思疎通や取引が，いったん「デジタル情報」に変換されることです。実際の実物商品と対価が受け渡しされる前に，「誰が・いつ・何を・いくつ・いくらで……」というようなことが，デジタルデータの形で記録に残るのです。データは分析によって意味づけや解釈がなされ，購買意欲の喚起やメディアミックス，購買動線の設計，アフターフォローなど，さまざまなマーケティングの手法に進化と変化をもたらすことになりました。

　ECサイトでは，顧客のサイト上のふるまいは正確な記録（ログ[15]）として残ります。顧客が，そこで何を買ったにせよ買わなかったにせよ，顧客の行動の軌跡がデジタルデータで残れば，これまではよくわからなかった行動傾向が分析できるようになります。

　もちろんリアル店舗でもPOS端末があれば，購買データを取り，マーケティングに活かすことはできます。しかしPOSはPoint of Sales，すなわち販売成立時点のデータです。POSでは売れなかったものや，購買の前後に顧客がどんな行動をとったかということはわかりません。

　ビジネスプロセスがデジタル化することで，顧客の購買行動を，より多様な形で（Variety），たくさん（Volume），より細かい頻度で（Velocity），蓄積したり可視化したりすることが可能になりました。ここに記した3つのVは，ビッグデータの基礎となる要素でもあります。ログ解析による，データ志向のマーケティングがやりやすくなったことで，その巧拙が企業の持続的競争優位性や発展性に対して，これまで以上に影響力を及ぼすことになりました。

　一方でデジタル時代は，コミュニケーションを通じた企業と顧客のパワーバランスが変化したと言われます。一言でいうと，売り手と買い手の関係は「目の前で売っておしまい」ではなくなったのです。顧客の購買経験が，ソーシャルメディアのコンテンツという形で二次的に流通することで，「買った後にも物語は続く」関係になったということです。

　人々がオンライン上の第三者の経験を参考にして自らの態度を決定することは，きわめて一般的になっています。これもデジタル時代の顧客行動の変化の1つです。顧客の行動が変容すれば，それにつれて企業も，顧客接点の構築のしかた，広告の出し方，メディアを通じた顧客への寄り添い方などについて，ふさわしい対応をせまられます。企業は，顧客の行動の変化を無視できないのです。本書では主に第Ⅱ部で，今日のオンラインメディアの特徴と活用について，具体的に触れていきます。

まとめ

- マーケティングとは，「人や企業が，市場で交換・取引を行い，顧客となる者が，自らのニーズや欲求を満たすものを手に入れる，すべてのプロセス」です。
- 「いい技術を持っていれば，必ずいい商品が作れる」，「いい商品さえ作れば，黙っていても売れる」というわけではありません。顧客のニーズに応えると思えるいい商品を作り，その価値が買い手に認知されることが必要です。
- 企業と顧客は１回限りの売り買いではなく，できるだけ長期に良好な関係性を築く必要があります。
- 企業と顧客はさまざまな接点を持ち，コミュニケーションを介してつながっています。
- デジタル時代は，マーケティングの普遍的な原理を押さえたうえで，デジタルに特有の性質を踏まえ，カスタマー・サクセスを最大化させるマーケティングを実行していかなければなりません。

第**2**章

マーケティングのアウトライン

1 マーケティングの基本

　マーケティングを少しでも勉強したことがある人なら，STPと4Pという言葉を聞いたことがあると思います。ここで少しおさらいをしておきましょう。「え，何それ？」と思った人も，とりあえずここだけ押さえておけば先へ進めます。

（1） STPとは何か

　STPはセグメンテーション（Segmentation），ターゲティング（Targeting），ポジショニング（Positioning）の頭文字を並べたもので，伝統的なマーケティングの基本的な概念です。「近代マーケティングの父」とも称されるフィリップ・コトラーによる，このような概念を用いた手法をターゲット・マーケティングといいます。

　ターゲット・マーケティングでは，一企業がすべての市場に対応することは不可能または非効率という前提のもとで，

- 市場をいくつかに細分化（S：セグメンテーション）し，
- 自社の提供価値を活かせるセグメントを選択（T：ターゲティング）し，
- 類似の提供価値を提供する他社との競争の中で，自社が優位に立てるポジションを確立する（P：ポジショニング）

というSTPのフレームを用いて，どのあたりに自社の顧客が集中していそうかを見いだし，ビジネスに集中しようとします。

図表2-1	ターゲット・マーケティングの基本ステップ：STP

S：市場細分化	Segmentation（セグメンテーション）
T：ターゲット市場の設定	Targeting（ターゲティング）
P：ポジショニング戦略の策定	Positioning（ポジショニング）

　セグメンテーションに利用される分類軸には，年齢，性別，世帯構成（ライフサイクル），収入，職業などの**デモグラフィックス**（人口動態変数）や，国や地域，都道府県，気候などの**ジオグラフィックス**（地理的変数），あるいはライフスタイルや価値観，準拠集団，性格などの**サイコグラフィックス**（心理的変数），製品に対する使用経験や態度，購買履歴，TPO[16]といった**行動変数**など，さまざまなものが用いられます。

　ターゲット・マーケティングの前提の1つは，「多くの買い手で構成されている市場は，均一な買い手で構成されているわけではない」という基本認識です。現代の顧客の**ニーズ**や**欲求**[17]は多様で，**需要**[18]の大きさも不定です。自社の価値提供能力だけで，すべての人，すべての市場を満足させることは，まず無理だと言わざるを得ません。それならば市場をある基準で分類し，その中で自社が価値を提供することができて，かつ収益性が見込める魅力的な市場に集中するほうが合理的だ，ということになります。

　既存市場には，多くの場合は似たような商品やサービスで勝負しようという競合が存在します。何かがライバルと明らかに違っていなければ，顧客は自社を選んではくれないでしょう。市場の中の自社の居場所は，商品やサービスそのものあるいは，それらが顧客の手元に届くまでのプロセスにおける，競合との差異化によって形作られるのです。

（2）　ターゲット・マーケティングの基本手法

　伝統的なターゲット・マーケティングには，大きく分けて，３つの方法があります。差別化マーケティング，集中型マーケティング，無差別マーケティングの三種類です。

　どの方法がふさわしいかは商品特性にもより，またマーケッターが市場の顧客の特性を，どの程度「異なる」ととらえるかにもよります。市場を複数のセグメントに細分化する場合には，それぞれのセグメントに対して異なる施策を行うことになります。このため実際には，自社がどの程度リソース（経営資源）を割くことができるかにも依存します。

①　差別化マーケティング

　差別化マーケティングでは，自社が対応するセグメントをいくつか選び，セグメントごとに異なる商品を提供します。自動車メーカーがさまざまな車種を生産したり，スポーツジムが「主婦向けコース」，「アスリート向けコース」など，顧客別に異なるコースを提供したりするのが差別化マーケティングの例です。

　差別化マーケティングでは，企業はセグメントごとに商品とマーケティングを組み合わせて売上増を狙います。ただし差別化マーケティングは，セグメントごとに商品開発・生産・流通・プロモーションなどを行うため，それぞれにマーケティングコストを要します。このため企業は，セグメントを増やしたときの売上の増分と，コストの増分（コスト効率）を比較して，参入を検討する必要があります。

図表2-2　差別化マーケティング

自社のマーケティング　①	➡	セグメントA
自社のマーケティング　②	➡	セグメントB
自社のマーケティング　③	➡	セグメントC

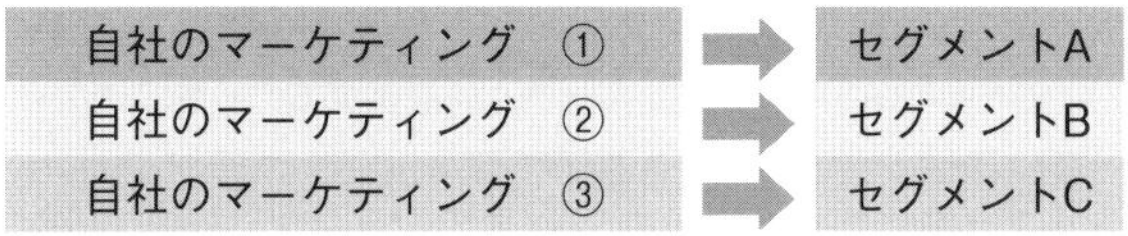

② 集中型マーケティング

　集中型マーケティングは，細分化したセグメントのうち，自社に適したセグメントだけに集中する方法です。この場合，自社が対応するセグメントの数は，1つあるいはきわめて少数です。

　たとえば自動車メーカーの中には，軽自動車の生産販売に特化している企業があります。このような企業は，集中型マーケティングを採用している企業だといえます。

　集中型マーケティングは，多くのセグメントにマーケティングコストをかけられない，比較的小規模な企業に適しています。もしあるセグメントで成功したら，次に他のセグメントへの参入を検討するといった方法で，自社が対応する市場を，徐々に拡大していくことも可能です。

図表2-3　集中型マーケティング

自社のマーケティング	➡	セグメントA
		セグメントB
		セグメントC

③ 無差別マーケティング

　ターゲット・マーケティングの基本は，市場をいくつかに細分化することです。しかし，あえてセグメントによる顧客の違いを無視し，市場を単一にとらえて，単一の商品やサービスで全市場をカバーしようとする考え方もあります。これが無差別マーケティングです。市場を論理で分割したとしても，現実の顧客のニーズが一様で，それほど複雑でないなら，必要以上にマーケティングコストをかける必要はないからです。

　無差別マーケティングは，各セグメントの違いではなく共通点に着目するほうが効率的だと言われます。かつてのコカ・コーラは，無差別マーケティングの典型例だと言われていました。しかし現在は，ゼロカロリーのもの，カフェインレスのもの，自動販売機限定の商品，容量やボトルの素材が異なるなど，さまざまな製品が出荷されており[19]，無差別マーケティングを採用していると

は言いにくくなりました。現実には，顧客のニーズの多様化につれて無差別マーケティングが通用する商品は少なくなっているといわれています。

図表2-4　無差別マーケティング

自社のマーケティング　➡　全市場

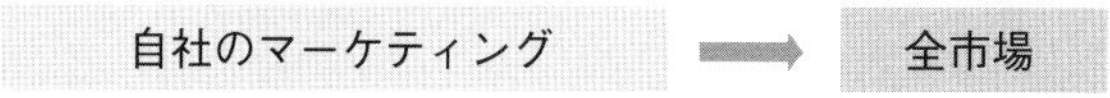

（3）　4Pによるマーケティング・ミックス

4Pは，企業がみずからコントロールできる，4つのマーケティング要素の頭文字です。アメリカのマーケティング学者，エドモンド・J・マッカーシーが1960年代に提唱しました。

政治や景気，社会情勢や広い意味での技術動向などの**外部環境**[20]は，一社の力ではなかなか思うようにはなりません。もちろん企業の活動や成果は，長期的にはこれらに対して何らかの影響をおよぼすでしょう。しかし目前で展開するビジネスに関しては，外部環境を所与として，コントロール可能な要素を組み合わせたり調整したりしながら，業績を上げていかなければなりません。

4Pは，以下のような内容で構成されています。

- 取り扱う商品やサービス，商材の決定（Product）
- 顧客が「これなら買う」と思え，自社にとっては適正な利益が出る価格の設定（Price）
- 顧客の手元に商品やサービスを行きわたらせる，流通の方法（Place）
- 訴求による認知の獲得と，顧客エンゲージメントの構築（Promotion）

4Pに含まれる各要素は，企業が諸条件を勘案しながら，自らの意思決定によって設定したり調整したりすることができる要素です。それぞれのPに属する具体的な活動は**図表2-5**を参照してください。デジタル時代の4Pについては，次章で詳しく見ていきます。

| 図表2-5 | 4つのP：コントロール可能なマーケティング要素 |

	具体的な要素の例
製品・商品 (Product)	ラインナップ，品質，デザイン，特徴，ブランド，パッケージ，サイズ，サービス　等
価格 (Price)	標準価格，割引，セット価格，アロウワンス（商品を販売してもらうために取引先に支払う協力金），支払期限，信用取引条件　等
流通 (Place)	チャネル，流通範囲，立地，在庫，輸送　等
プロモーション (Promotion)	広告，PR（広報），販売促進，キャンペーン，イベント，人的販売，Webの活用　等

　企業がコントロール可能な4Pの要素を組み合わせて活動する手法を，**マーケティング・ミックス**といいます。マーケティング・ミックスには，4Pの要素を最適な組み合わせで実行できれば，理想的なビジネスパフォーマンスが実現するはずだとの考えがベースにあります。

　ここで言う「最適の組み合わせ」は，顧客から見たときにも最適の組み合わせでなければなりません。なぜなら，マーケティングの4Pは顧客にとっての4C[21]だからです。

　4Pは，価値を提供する企業側の視点ですが，4Cは顧客側の視点です。顧客の4Cとは，

- 商品は顧客の何かを解決するものである（Customer Solution）
- 顧客は価値に見合うコストを払って価値を手に入れる（Customer Cost）
- 顧客が必要とするときに手に入れやすくなければならない（Convenience）
- 売り手と買い手の間の，効果的なコミュニケーションが必要である（Communication）

ということです。マーケティングの4Pと顧客の4Cは，表裏一体の関係にあるのです。

　しかし，いったん組み合わせを作ったからといって，それで安心できるわけではありません。外部環境や顧客のニーズが変化するときには，変化に適応す

る形で要素の再構成ができなければ，世の中とのズレができてしまいます。

　オンラインで顧客の動向がほぼリアルタイムで把握できるデジタル社会では，4Pをできる限り4Cの動きに即応させることが，マーケティングの成功につながると考えられます。

図表2-6　4Pと4C

マーケティングの4P	顧客の4C
顧客のニーズに合致した商品 (Product)	顧客の課題解決になるもの (Customer Solution)
顧客の購買意思と購買力に応じた価格 (Price)	顧客にとって価値あるものにコストを支払う (Customer Cost)
効率性・利便性の高い流通経路 (Place)	必要時に手に入れやすい (Convenience)
顧客に理解されるプロモーション (Promotion)	売り手との効果的コミュニケーション (Communication)

コラム

広告と広報は何が違う？

　俗によく「PR（ピーアール）」という言葉でプロモーション活動を呼ぶことがありますが，PRとは本来Public RelationsのPとRで，正確には「広報」のことで，「広告」とは区別されます。プロモーションの中で，メディアのスペースや自社のメッセージが流れる時間を広告主が購入（媒体購入）する形態のコミュニケーションを，**広告**と言います。法規制や公序良俗に反しない限り，メッセージの内容は広告主が自由に決められます。

　広報は，企業が記者会見やプレスリリース，自社のホームページなどを通じて情報提供をすることです。これをマスコミなどのメディア各社に報道や記事という形で取り上げられることを狙いとします。このような活動を**パブリシティ**といいます。

　　広告は媒体費用がかかるのに対して，広報は基本的に媒体費用がかかりません。そのかわりに，報道内容や表現はメディアに委ねられ，企業の自由にはなりません。パブリシティは第三者による記事であるため，一般の人からは信頼性が高いと受け止められることが多いとされています。

2　消費者の購買行動プロセス

　人が何かを買おうかなと思うのは，まずはその商品の存在を認知しているからです。顧客の購買行動は，その商品の存在を知り，注意や関心が向くところから始まります（図表2-7）。

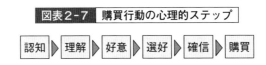

図表2-7　購買行動の心理的ステップ

認知 ▶ 理解 ▶ 好意 ▶ 選好 ▶ 確信 ▶ 購買

　ファネルとは，液体や粉末などを口径の小さな入れ物に移すときに使う，漏斗のことです。漏斗は逆三角形をしています。ここから転じたマーケティングファネルとは，購買意思決定に関する顧客心理や行動の，段階的なプロセスを表すモデルです。ここではデジタル社会になると，ファネルの構成要素と形が変化することを見ていきましょう。

（1）　AIDMAモデル

　デジタル以前の伝統的な消費者の購買行動モデルは，AIDMA（アイドマ）と呼ばれるモデルに代表されます[22]。AIDMAは，1920年代にアメリカのサミュエル・ローランド・ホールによって提唱されました。AIDMAは，消費者の購買行動を心理的な流れで示しています。

　AIDMAの最初のAはAttention（注意を向ける），IはInterest（興味を深

める），DはDesire（欲しい，買いたいと思う），MはMemory（記憶する，思い出す），2つ目のAでAction（購買行動を起こす），という流れになっています。

　これがなぜファネル（漏斗）かというと，図表2-8のように段階が進むにつれて，購買意思や可能性がある人の数が，脱落して減っていくからです。

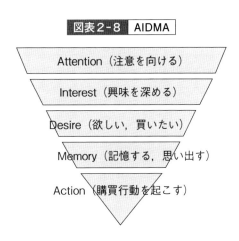

図表2-8　AIDMA

Attention（注意を向ける）
Interest（興味を深める）
Desire（欲しい，買いたい）
Memory（記憶する，思い出す）
Action（購買行動を起こす）

　商品やサービスの存在を認知したからといって，認知したものを全部買う人はいません。存在を知らなければ購買行動が始まらないのはもちろんですが，知ったうえでなお「買おう！」と決心するまでに，心理的な関門がいくつかあるのです。

　ここから読み取れるのは，「広告や宣伝をたくさんすれば，物は売れるのだ」という，広告への安易な量的依存に対する警鐘です。広告は，企業が顧客に対してストローク[23]をする，有力なコミュニケーション手段の1つです。しかし，異なる心理段階の顧客には，異なるメッセージを発しなければ心には刺さりません。それはたとえば，注意を向けてくれた顧客には興味を持ってもらえるような情報を提供し，商品を十分に覚えてもらったら次は，実際に買うという意思表示をしてもらえるように，決断を促すメッセージを送るといったことです。これは，通りいっぺんの広告を流すだけではコンプリートできません。

　放っておけば購買行動の途中で心理的に脱落しそうになる顧客に対して，適

切なタッチポイントで適切なストロークを投げかけ，購買行動の背中を押し，できるだけ脱落を食い止めることが，コミュニケーション設計のポイントとなります。

（2）　デジタル時代はAISAS

デジタル化が進むと，消費者を中心とする顧客の購買行動のプロセスが変化し，ファネルの形も変わると考えられています。

インターネットが広く普及した2000年代以降，人々は「ネットで検索し，調べて納得してから買う（Search）」，「購買体験をネットで共有する（Share）」という習慣を身につけました。そこで，日本の大手広告代理店の電通が提唱したモデルがAISAS（アイサス）です。

図表2-9　AISASモデル

| （存在に気づく）
A…認知・注意
(Attention) | （気になるが不安）
I…興味・関心
(Interest) | （調べる）（納得）
S…検索
(Search) | （購買）
A…行動
(Action) | （体験の発信・共有）
S…共有
(Share) |

AIDMAのような「ネット以前」に提唱されたモデルは，売り手と買い手の二者関係で表されています。つまり購買行動は「購買」で終端して，買ったらおしまい，という感覚です。あるいは，せいぜいその顧客自身のリピート買いが，暗黙に意識されているといった感じでしょう。

これに対して，デジタル時代の購買プロセスのモデルは，ネットを介して誰かに「影響され」，「影響を与える」という，第三者の存在が意識されています。プロセスに，Search（検索）とShare（共有）が加わったことで，オンライン空間に購買体験や商品情報が拡散し，広い範囲で購買連鎖を引き起こす可能性が高くなったからです。ファネルの形は砂時計のような形になっています（図表2-10）。これはもはや，漏斗ではありませんね。

インターネットがなければ，個人の購買体験が伝わる範囲は，せいぜい知り合いと，その周囲に伝わる噂話程度です。それが現在では，ブログやSNSなどのインターネット・メディアに乗って，知り合いでもない遠くの人たちにまで，

一気に話題が拡散する日常になりました。

　図表2-10のモデルでは，拡散する情報が，誰かの認知や購買意欲を刺激する連鎖が示されます。オンラインの普及により，第三者による情報伝播や購買行動への影響力が，マーケティングにとって無視できないほど強くなったことが理解できます。

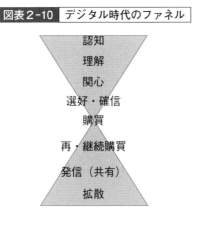

図表2-10　デジタル時代のファネル

認知
理解
関心
選好・確信
購買
再・継続購買
発信（共有）
拡散

（3）　購買行動モデルから収益化モデルへ

　企業がマーケティングを行う目的の究極は，健全に収益を上げていくことです。オンラインで流通する情報が，顧客の購買行動に影響力を持つということを無視できない以上は，そのパワーを，収益を生み出すシナリオにどのように織り込んでいくべきかを考えなければなりません。

　オンラインを介した消費者間の相互作用と行動連鎖という，デジタル時代の性質に着眼した収益化モデルがあります。代表的なものが，AARRR（アー）[24] と呼ばれる，集客から収益化にいたる段階モデルです。

　AIDMAやAISASは，顧客の行動視点で段階を分類していますが，AARRRは，企業が段階的に何をして，顧客のどういう行動や状態を引き出すかという視点で語られる点が異なります。

　AARRRは企業の収益化に向けて，購買につながる顧客の状態や行動を5段

階に分割しています。

1．Acquisition（顧客やユーザーを獲得する）
2．Activation（好もしい体験や情報を提供することで，顧客の行動を活性化させる）
3．Retention（リピーターにする）
4．Referral（顧客が第三者に紹介をするようにする）
5．Revenue（収益化する）

AARRRに限る話ではありませんが，このようなモデルは，決してマーケティングを，顧客間の口コミや情報拡散だけに頼ろうというものではありません。むしろ，デジタル時代特有のコミュニケーションの力を織り込みながら，購買行動が持続的につながっていくように，企業側もマーケティングリソースを段階の異なる人々に偏りなく配置することが大事です。

デジタル時代は，「売らんかな」の姿勢ばかりが目立つようでは，顧客の支持は得られません。カスタマー・エクスペリエンス（CX）に役立つ形で，企業もコミュニケーションに参加しつつ，購買行動を活性化させていくところにポイントがあります。具体的にどのようなメディアを使って，どのようなコミュニケーションを組み立てていくべきかについては，第Ⅱ部で順を追って論じていきます。

AIDMAやAARRRなど，顧客の購買行動をアルファベットで表すモデルは他にもいろいろと提唱されています。こういったモデルを，いたずらに追いかけることには，実はあまり実務的な意味がありません。大事なのは，モデルを参考にしながら，自社の顧客の意識や行動に実際に働きかけることです。顧客ごとに，しっかりメッセージが届くコミュニケーション構造を作りこんでいきましょう。次章以降で，さらにデジタル時代のマーケティング・ミックスを深掘りし，具体的な方策を学んでいきます。

まとめ

- マーケティング・ミックスの基本的な要素と考え方は，デジタル以前から現在まで大きく変わることはありません。
- オンライン・デジタルが日常に浸透したことによって，消費者の購買行動プロセスは変化しました（AIDMAからAISASへ）。
- デジタル化による顕著な変化は，「購買体験や情報が，広い範囲に瞬時に拡散する」，「拡散した情報が，他の顧客の次の消費行動を刺激する」という点にあります。
- デジタル時代の消費者行動に沿って，マーケティング施策を組み立て，収益化の流れを作っていかなければなりません。AARRRのような収益化モデルを取り入れることが，役に立つでしょう。

第 **3** 章

マーケティングのデジタル化

1　STPのデジタル化

　ICT（Information and Communication Technology：情報通信技術）[25]の進展により，あらゆるデータや情報がデジタル化されつつあります。これに伴って起こる変化は，一人の人が単位時間当たりに接触できる情報の範囲と量が，圧倒的に拡大することです。それにつれて，マーケティングの領域でも具体的な手法や戦術を変化させなければならない部分が出てきます。デジタル時代のSTPや4Pは，どうなるのでしょうか？

（1）　新たなSTPの視点

　デジタル時代でも，STPや4Pなどの基本フレームがマーケティングの柱となることに，変わりはありません。しかし，デジタル化やICTの高度化は，STPに新たな視点をもたらす側面もあります。

　まず，セグメンテーション（S）において，市場や顧客を理解するための変数に，モバイル，リアルタイムという動的な要素が加わってきます。オフラインのマーケティングで使うセグメンテーションは，ある時点で調査した少し前の状態を切り取って見ているだけにすぎません。これに対して，オンライン・デジタルで取得できる情報は，刻々と変化する顧客の行動の軌跡を表す動的なデータです。たとえばデモグラフィックスであれば，「いま，どこにいるか」という，現在地情報が取得できるようになり，行動変数であれば，「いま，何という言葉を検索した」，「どの商品を閲覧した」，「どこを回遊した」，「どのリンクをたどった」というようなことが，ログや，閲覧のトラッキングツールなどからわかります。

　このようにして収集されたデータをマーケティングに用いると，これまでは
やりたくてもできなかった施策が可能になります。たとえば，あるキーワード
を検索した人に対しては，関連が深い商品を販売するサイトへ誘導する広告を
即座に表示できます。また，ある商品を購入した人には，同じものを買った人
がよく買うものをその場で推奨し，**クロスセル**[26]を促すこともできます。

　このような施策はターゲティング（T）の精度を，究極まで高めることに通
じます。オフラインでは，すべての顧客の行動や志向を細かい変数に分解し，
個別の顧客単位で捕捉しようとすること自体が，物理的にもコスト的にも不可
能に近い話です。企業は，多数の顧客をデモグラフィックスやジオグラフィッ
クスなどで分類したかたまりの「セグメント」としてとらえ，対応可能な市場
を選び，商品やサービスの提供をしていくしかありませんでした。しかし実際
には，「東京都在住の30歳の女性会社員」といっても，さまざまな価値観や異
なる生活様式の人がいます。これらの人を一括りに考えて，一律に商品の提供
をしているとしたら，それは果たして本当に顧客のニーズに応えていることだ
と言えるのでしょうか？

　デジタルマーケティングでは，細かい条件で顧客を抽出したセグメンテー
ションや，IDで顧客を識別することで，個別に合理的な対応をすることが可
能になります。たとえば嗜好や行動パターンが類似した人だけを抽出してキャ
ンペーンを行うとか，前回の購買から日数が経過している顧客にリマインド
メールを送って，薄れかけた購買意欲を再喚起することは合理的な戦術だと考
えるのです。このような流れを作り，うまく対応できる企業ほどチャンスを逃
すことなくマーケティング効率を高め，市場の中で他社とは異なる際立つポジ
ション（P）で収益性を高められるというわけです。

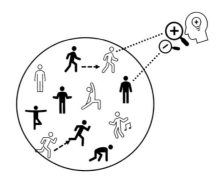

図表3-1 「かたまり」から「個」へ

（2） プロファイリングの威力と制限

　オンライン上の顧客の行動は，ログなどのデータ収集のしくみさえ整えれば，前項で挙げたような動的なデータが，ほぼリアルタイムで取得できます。これらのデータは従来に比して量が多くなりがちですが，デジタルデータはコンピューター処理に馴染みやすい形式です。統計ツールを用いて解析をすることで，精度の高いマーケティングができるようになりました。

　個々の顧客の行動履歴をたくさん集めて，顧客の行動傾向や価値観あるいは嗜好などを統計的に推定したり，「いつごろ何を買いそうか」といった顧客の近未来の行動予測をしたり，細かい特徴づけをしたりすることを**プロファイリング**といいます。

　プロファイリングに基づくマーケティングは，顧客を個性のないかたまりで見るのと違い，心理的な傾向や好み，行動パターンなどを一人の人物像として統計的に推測します。ですから，どういうタイプの人にはどのようなメッセージを，どんなタイミングで送れば，応答率や成約の確率が高いかといったことが，相当な精度でわかるというわけです。

　ただし，プロファイリングを可能にする情報の収集に関しては，個人情報保護や，プライバシー権，自己情報コントロール権[27]，精神や内心の自由の保証といった観点から，世界的に法的な整備や規制[28]の動きが出ています。

　プロファイリングに関する技術が向上すると，おそらく個々の顧客へのター

ゲット・マーケティングの手法はさらに精緻化が進むと予想されます。これを上手に施策に取り入れていけば，顧客からも「私にとって，いいタイミングでオファーしてくれた」という気持ちになってもらえるでしょう。しかし，技術的に可能だからといって配慮のないことをすれば，顧客からは「知られ過ぎているようで気持ちわるい」，「追いかけ回さないでほしい」，「一度クリックしただけで，何度も同じ広告が出てくるのがうっとうしい」といった不快感を抱かれて，エンゲージメントを失ってしまいます。

　「この人（企業）になら，ある程度は自分のことを知られてもいい」という人間の心理的な距離感は，相手をどの程度信用するかに依存します。図表3-2にあるとおり，顧客と企業の間の心理的距離は案外遠いということを，企業側は認識しておく必要があります。企業は日ごろからあらゆる活動を通じて，顧客から深く信頼され，情報を付託されるように努めるべきで，「法律を破っていなければ，何をやってもいい」ということにはならないのです。

　近年は，顧客の事前の承諾を得ることなくサードパーティー・クッキー[29]などのツールを用いて，サイト訪問者の閲覧データを取得することに規制がかかるようになってきました。FirefoxやSafari，ChromeなどのブラウザーやOSを提供する企業は，Cookieの使用規制や，利用者によるCookie拒否の支援機能を追加する動きを鮮明にしています[30]。

　顧客の信頼がない企業から，むやみに送り付けられるターゲティング広告が嫌われる動きは加速しています。技術に頼った無機質なマーケティングの前に，企業の経営姿勢が社会から支持されることや，顧客との信頼関係の有無が，これまで以上に優先される時代になったことは，間違いありません。

図表3-2　顧客の心理的空間における距離感

（3）　顧客との良好な関係性の構築と維持

　ビジネスにおける理想的な顧客とは，繰り返し自社の商品やサービスを購入してくれて，結果として利益をもたらしてくれる人です。既存顧客との絆を強くするための活動を行うことも，マーケティング活動の1つです。

　顧客との長期的で良好な関係を構築し，維持・発展させることによって，顧客から得られる価値を最大化しようとする経営手法のことを，**カスタマーリレーション・マネジメント（CRM）**と言います。CRMの目的は，①新規顧客の獲得，②既存顧客の離脱防止，③既存顧客のロイヤルティ向上，④クロスセリングとアップセリングです（図表3-3）。

　企業にとってCRMが必要な理由は，自社への親密度やロイヤルティの高い顧客は集団としては相対的に数が小さく，それも放っておけば離散してしまうからです。図表3-4にあるとおり，顧客との関係は「顧客になってくれる可能性がある層」から「パートナーとして強い絆を示してくれる層」まで，何段階もあります。しかもこの関係性はAIDMAと同様に，だんだんと脱落して数が減少していくファネル構造になっています。

図表3-3　CRMの４つの目的

①新規顧客の獲得	・顧客候補を識別・分類して潜在的な顧客の新規購買を促す
②既存顧客の離脱防止	・他社の商品に乗り換えようとする顧客を引き止める ・他商品に乗り換えた客を引き戻す
③既存顧客のロイヤルティ向上	・既存顧客のリピート購買を促す
④クロスセリングとアップセリング	・関連商品の購買を促す ・アップグレード商品の購買を促す

　新規顧客の獲得は，既存顧客の維持の５倍のコストがかかるとも言われます。また，いったん心が離れてしまった顧客を呼び戻すことも，容易ではありません。だからこそ一度顧客になってくれたお客様には，適度なストロークをし続けていくことで，活発な取引を維持してもらい，離脱防止を図ることが大事なのです。

　デジタル時代の顧客は以前とは異なる特徴があります。それはインターネットの出現により，顧客が物ごとについて保有する情報の量が多くなり，自らが情報発信する機会も増えている点です。デジタル時代の顧客は他社商品との比較が容易にできるため，価格に敏感で要求が厳しく，不満があるとすぐに他の商品に乗り換える，ネットに書き込むなど，寛容ではなくなっているとも言われています。このためデジタルマーケティングでは，CRMによる目的を十分に達成するために，刻々と上がってくるデータを元に，素早い施策展開を絶え間なく行うことが重要なのです。

　顧客とのコミュニケーション手法やデータベース・マーケティングについては，第Ⅱ部で詳しく学びます。

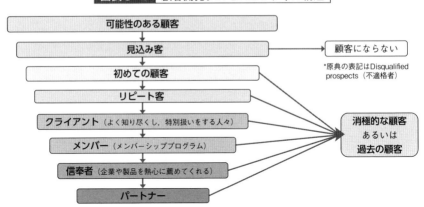

図表3-4　顧客開発プロセスのファネル構造

出所：Philip Kotler, Kevin Lane Keller『コトラー＆ケラーのマーケティング・マネジメント（第12版）』p.195に加筆

2　4Pのデジタル化

　コンピューターの処理能力向上や，インターネットの爆発的普及によるオンライン化とデジタル化の進展が，4Pに，どのような影響を与えたかを見ていきましょう。デジタル化が進むことにより，4つのPを組み合わせるマーケティング・ミックスにも，新たな現象や手法が現れています。ここでは4つのPのそれぞれで，変化が大きいと考えられるポイントを見ていきます。

　マーケティング要素はプロセスの中でつながっており，要素同士は相互に影響しあう性質があります。したがって，どこか1カ所だけデジタル化に対応しても，他の部分で対応が遅れれば，全体として機能しなかったり非効率が起こったりすることには注意が必要です。

（1）　Productのデジタル化

　デジタルマーケティングにおいて，Productの要素で変化したことの1つは，有形物や対面型のサービスの提供だけではなく，デジタル化された情報やコンテンツも商材になるということです。

　デジタルコンテンツには動画，静止画，音楽，文章，これらをミックスした複合的なものまで，多彩なものがあります。無名の人でもオンライン上でコンテンツを発表することは，それほど難しいことではありません。しかもダウンロードという手段をとれば，必ず流通事業者を通さなければならないということでもなく，流通にほとんど時間はかかりません。

　紙の書籍が電子書籍化されるのは，典型的なコンテンツ商材のデジタル化ですが，近年は，YouTubeなどの動画配信サイトで活動をするネット発の人気アーティストがメジャーデビューしたり国民的テレビ番組に出演したりすることも，珍しくありません。これまでの，「テレビに出ている有名人が，ネットでも活動を始める」ということとは逆のコンテンツ流通現象さえ起こっているのです。

　商材としてのデジタルコンテンツも，対価を回収する必要があります。自分で一から販売サイトを作って決済方法を用意するのはハードルがありますが，コンテンツ配信用のプラットフォームを利用する方法があります。デジタル化によって，コンテンツビジネスを始めるハードルが低くなった一例だといえるでしょう。ただしよく売れるかどうかは，その商品が市場で「価値」と認められるかどうかによります。そこは，これまでのマーケティングと少しも変わりません。

（2）　プロダクト開発をCGMで

　Productに関しては，大きな変化がもう1つあります。それは，顧客の声を商品開発に大きく取り込むことができるようになったことです。インターネット上の消費者の声が，企業や顧客同士の密なコミュニケーションを促し，商品開発の現場に直接的な影響力を与える現象が，しばしば見られます。

　これまでもアンケートやインタビュー調査などの方法で，顧客の意見を聴取する努力は行われていました。しかしそれらの方法だけではコストがかかる割に，限られた範囲の情報しか得られません。データの集計にも時間がかかるため，開発部門に生の声を即時かつ頻繁に届けるのは容易ではありません。

　一般顧客がネットに直接投稿できるオンラインコミュニティーでは，利害関係に束縛されない意見が飛び交い，膨大な数の実体験や生の声が直接届きます。

これを戦略的に取り入れ，商品開発に活かさない手はありません。

　一般の顧客（消費者）が参加することによってコンテンツが集積したメディアや，このような経過によって確立された市場のことをCGM（Consumer Generated Media / Market：消費者生成メディア／市場）と言います。

　オンラインコミュニティーは，消費者にとっては手軽な情報源であり，意見表明の場です。そこで交わされる評判や意見への対応の良しあしが，そのまま企業や商品の評価に直結することも少なくありません。CGMは，製品開発の現場と顧客の距離が大変近くなったことを表しています。無印良品ブランドで知られる株式会社良品計画が開設した，「ものづくりコミュニティ」サイト（現行はIDEA PARK[31]）が，「持ち運びできるあかり」や「体にフィットするソファ」などの大ヒット商品を生み出す原動力になったことは有名な話です[32]。

　一方で，声が大きい一部のコアユーザーの意見を聞きすぎることには注意が必要です。マニアックな機能が多くなりすぎて一般ユーザーには使いにくい商品になったり，コスト高になったりすることがあるからです。このような**オーバースペック問題**を起こさないためには，本当に必要なニーズだけを拾い上げる，情報の取捨選択が必要です。

　デジタル時代には，他にも興味深いしくみが立ち上がっています。インターネット上で共感や賛同をしてくれる不特定多数の人々から，少額ずつ資金提供を受けて新規ビジネスや商品開発を実現する，**クラウドファンディング**というしくみです。**図表3-5**は，筆者の学友が北海道に移住してワイナリーを起業する際に，クラウドファンディングで資金調達に成功したときのサイト画面[33]です。

　クラウドファンディングは，モノづくりそのものに参加するというよりは，主旨に賛同する一般の人々が直接参加する新たな資金調達方法なので，これまでのCGMと一括りの概念にはしにくい感じもします。しかし，株式市場や債券市場のような従来とは異なる新たな資金調達市場が登場したという意味で，これも1つのCGMの形だと言えるのでしょう。

図表3-5　クラウドファンディングの画面（雪川醸造）

（3）　Priceのデジタル化

　オンライン社会では，「どこで，何が，いくらで売られている」という情報が，瞬時に拡散されます。自分で調べて回らなくても「価格.com[34]」のように，ある商品がどういう仕様でどの店ではいくらだという情報を，検索機能と口コミ情報によって詳細に提供しているポータルサイトもあります。

　一般的に価格設定は，商品に関する情報をより多く有している売り手側が有利で，買い手側とは情報の量も質も非対称な状態だと言われます（情報の非対称性）。しかし情報のデジタル化により，買い手側の情報探索コスト[35]は格段に下がりました。

　顧客の持つ情報量が増えて，売り手との情報の非対称性が小さくなると，顧客が納得しない価格設定をする売り手は，早い段階で競争から脱落するリスクが大きくなります。顧客が「これなら払ってもいい」，「その値段なら喜んで買います」と思う価格のことを，支払意思額（WTP：Willingness to Pay）といいます。

　WTPに関しては，「1円でも安く買いたい」，「他の人と異なる（高い）価格で取引したくない」という顧客心理が働きがちな中で，底なしの価格競争に陥

ることは望ましくありません。

　マーケティング・ミックスに基づく価格設定では，「安ければお客さんは買ってくれる」という安易な考え方をしません。商品企画，流通，プロモーションなどのPrice以外の3つのPに含まれる多くの要素を選んでトータルで機能させることにより，価値に見合う価格設定をすることを目指すのがマーケティング・ミックスです。そのためにも，デジタルマーケティングでは，良質なカスタマー・エクスペリエンスを実現することが特に効いてくるのです。

　PriceのPには，顧客が望む支払方法にどう対応するかということも要素として含まれます。デジタル化が進むことによって，**電子マネーや二次元コード決済**など，支払いのキャッシュレス化が進みました。

図表3-6　二次元コード（サンプル）

　さらにデジタル時代になってからは，商品の購入代金やサービスの利用料を毎回請求するのではなく，「一定の期間利用できる権利」に対して対価を支払う**サブスクリプション**や，利用が一定の量や期間に達するまでは対価を請求せず無料で集客し，条件を超えたところで有料の利用契約に転換する**フリーミアム**など，新しいビジネスモデルが次々に登場しました。商品対価を支払って「所有権を移転（買取）」するのではなく，必要なときに必要なだけ「利用」し，利用料金として対価を支払うことを，**財のサービス化**と呼びます。

　商品の価格が安いかどうかだけでなく，企業にはこのような新しく便利な方法に対応しているか，上記のような新しいモデルを生み出せるかどうかといったことも，顧客や社会から求められるようになっています。

（4）　Placeのデジタル化

　4つのPの中でも流通は，チャネルの構築（販売ルートの決定）からチャネルの管理にいたるまで，多くの時間と労力がかかる要素です。しかも，いったん構築してしまうと，過去の経緯に引きずられてルートやメンバーが固定化しがちな要素です。それでもデジタル化が貢献することは少なくありません。

　Placeのデジタル化で特筆すべきは，コミュニケーションチャネルと流通チャネルが直結することです。ECでは，購買意思は直接売り手に表明することができ，即時の決済も可能です。メーカー→卸売事業者→小売事業者→最終顧客というように，何段階も仲介事業者を通さなくても，直接販売が可能です。

　オンライン市場の取引形態は，売り手企業対消費者（B to C），企業対企業（B to B）だけではありません。消費者対消費者（C to C），製造者対消費者（D to C）といった，直接取引のバリエーションが登場しています。

　ECはデジタルによる流通チャネルの形態です。ECには自社でECサイトを立ち上げる方法の他に，Amazon.comのような，売り手と買い手を媒介するプラットフォーム事業者のチャネルに参加する方法があります。ECプラットフォーム事業者の登場により，売り手と買い手の双方が取引相手を探索するコストは，格段に下がりました。新規にビジネスを起こすアントレプレナーにとってPlaceのデジタル化は，初期のチャネル構築の労力を軽減し，参入障壁を下げる作用があります。自前でECサイトを運営するもよし，プラットフォーム型のECを利用するもよし，Placeのデジタル化は流通の幅を広げました。

　プラットフォーム型のECでは，利便性の提供だけでなく，類似の商品を買った他の人や本人の購買傾向を分析して，他の商品の推奨（レコメンデーション）ができます。その結果，売れ筋商品とは言えない小口の売上の累積が，結果として多大な収益をもたらすこと（**ロングテール現象**[36]）が，観察されることもあります。

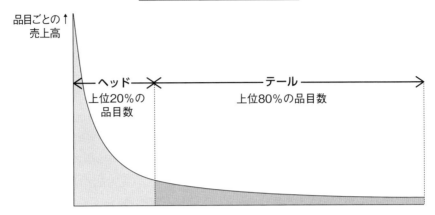

図表3-7　ロングテール現象

注：品目別売上の上位20％が「ヘッド」，下位80％が「テール」。「ロングテール」は，
　　「テール」による売上が「ヘッド」による売上を上回る現象のこと。
出所：http://business.nikkeibp.co.jp/article/nmg/20071022/138239/

　デジタル化によるPlaceへのもう１つの影響に，サプライチェーンのIT化が
あげられます。デジタルコンテンツならリアルの物流網は不要ですが，実物商
材の場合は，受注後にピッキング・梱包・在庫管理・発送といった一連の物流
業務があります。このようなフルフィルメント[37]業務の一部や，顧客には見
えないところで行われている**サプライチェーン・マネジメント**[38]の自動化が，
コスト削減や配送日数の短縮などにつながります。これが結果的に，顧客の満
足度向上に効いてくることもわかっています。

（５）　Promotionのデジタル化

　プロモーションとは，マーケティング・コミュニケーションに関係する諸活
動のことです。

　プロモーションというと，広告宣伝のことだと思う人が多いようですが，そ
れは活動の一部にすぎません。また，デジタルマーケティングの世界では，
WebによるEC，電子メールやLINEなどのメッセージングツールによるダイレ
クト販売や，直接コミュニケーションが突出して大きなウェイトを占めるよう

既存事業者のチャネル再編が進まないのはなぜ？

　自社のコントロール下にない小売店や代理販売事業者など，確立された既存の流通チャネルを持っている事業者が，オンラインチャネルを新設することは，時として容易ではありません。既存チャネルの参加者から，「自社の販売チャンスが奪われる」と受け止められて，賛同や協力を得られずコンフリクト（争い）を起こすことがあるからです。コンフリクトマネジメントは，経営者の重要な役割の1つですが，既存チャネルの離反を招いて顧客を失いかねないと思うと，思い切った再編に踏み切れないという話を聞くこともあります。

　デジタルマーケティングによる市場拡大とは，既存のチャネルと市場を奪い合うのではなく，リーチする顧客層を増やすことでパイを大きくすることです。既存チャネルとは役割分担をしながら，新たなデジタル顧客層にアプローチするルートを構築することが，成功の秘訣の1つです。

になっています。デジタルマーケティングといえばこれだ，と思っている人も少なくなさそうです。

　マーケティングの大御所であるフィリップ・コトラーとケビン・ケラーは，2006年に出版した書籍[39]の中で，プロモーションによる一般的なコミュニケーション手段を，以下の6つに分類しています。

1. 広告媒体を使って商品やサービスを広く世の中に知らしめ，購買意欲を喚起する広告（Advertising）
2. 商品やサービスの購入・販売を促す短期的なインセンティブを顧客に提供する，販売促進（SP：Sales Promotion）
3. 企業や工場などの見学会やスポーツ活動などの，イベントや経験を通じたコミュニケーション

4．社会やステークホルダー（重要な利害関係者）と良好な関係を構築し，それを維持するための**広報活動**（Public Relations）

5．営業担当や販売員による直接的な営業活動である**人的販売**（Personal Selling）

6．売り手が仲介業者を通さずに，買い手と直接コミュニケーションをして商品を販売する**ダイレクト・マーケティング**

1番目の広告は，デジタルマーケティングの中心的な役割を果たすことが多いコミュニケーションのため，ここでは割愛し次章で詳しく述べます。また，6番目のダイレクト・マーケティングについても，ECやデジタルメディアによるコミュニケーションは，デジタルマーケティングの心臓部にあたる話題のため，別の章でそれぞれに触れていきます。

さて，4つの活動のうち，3番目と5番目にあげたイベントコミュニケーションや人的販売は，デジタル化になじまないと思われがちなところですが，そうとは言い切れない面があります。営業担当者やコールセンターなどの顧客対応部門による人的な活動によるプロモーションは，**チャットボット**[40]による簡易な商品紹介や問い合わせ対応などが行われ，人的な対応を補完する事例が増えてきました（図表3-8）。

一方で，3DのようなWeb表現技術の高度化や，ZoomやマイクロソフトのTeamsのような，対面環境に近いコミュニケーションツールの普及が，オンラインによるコミュニケーションを豊かにしている側面があります。これらのツールにより，あたかもその場にいるような感覚で，企業紹介やイベント活動ができるようになりました。特に，2020年ごろからのコロナ禍の影響で，対面型のイベントや企業見学会などの開催が困難になった時期には，このようなバーチャルイベントが盛んに開催されるようになりました。

また，このようなバーチャルイベントの場やホームページ，スマホアプリなどでお得なクーポンを発行したり，期間限定商品を販売したりするのは，前記の6分類の2番目の販売促進に相当する活動のデジタル化です。

本書で深く論じることはしませんが，ホームページやスマホのコミュニケーションアプリを用いた，顧客以外のステークホルダー[41]を対象とした広報や，

図表3-8 スマートフォンによるボット応対の例（ヤマト運輸, 郵便局）

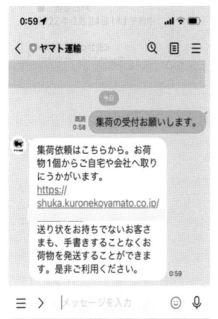

社会から広く意見を聴収する**広聴活動**も珍しいことではなくなりました。その理由には，

①　デジタルコミュニケーションはリーチできる範囲が広く，1件当たりのコストが小さいこと

②　投資家などの「未顧客」は，やがて顧客となる可能性が高い潜在顧客であること

③ **CSR**（corporate social responsibility：企業の社会的責任）の観点から広く社会との接点を持ち，意見を傾聴することで信頼を獲得することに意義がある

といったことがあります。

デジタルマーケティングでは，4Pの要素とコミュニケーションの諸活動をリンクで結合し，メディアの特徴を活かしきることが戦略的に重要な意味を持ちます。第Ⅱ部では，デジタルメディアの特徴や，活用戦略を見ていきます。

まとめ

- いつでもデータにアクセスできるモバイル，リアルタイムという動的な要素が加わって，成約効果の高いマーケティングが可能になりました。
- プロファイリングに基づくマーケティングは，顧客を個性のないかたまりではなく，心理的な傾向や好み，行動パターンなどを人物像として統計的に推測し，精度の高いマーケティングを実現可能にします。
- プロファイリングに資する情報収集は，個人情報保護や，プライバシー権，自己情報コントロール権，精神や内心の自由の保証といった観点から，世界的に法的な整備や規制の動きが出ています。
- マーケティングの4Pのデジタル化によって，これまでになかった顧客接点や，取引形態のバリエーションが次々に登場します。デジタル・オンラインの特性を知り，機動的できめ細やかなマーケティング・ミックスの設計と購買動線の構築が必要です。

[第Ⅰ部の注]

1　日本で本格的なインターネットの商用利用が始まったのは，インターネット接続サービス事業者（ISP：Internet Service Provider）がビジネスを開始した1994年と，一般的には理解されています。

2　https://www8.cao.go.jp/cstp/kihonkeikaku/index5.html

3　https://www8.cao.go.jp/cstp/society5_0/

4　Jeanne W. Ross et.al, "Designing Digital Organizations", MIT Sloan CISR Working Paper No. 406, MAR 10, 2016, https://cisr.mit.edu/publication/MIT_CISRwp406_DesigningDigitalOrganzations_RossSebastianBeathScantleburyMockerFonstadKaganMoloneyKrusellBCG（2022.8.31アクセス）

5　Jeanne W. Ross et.al（2021），*Designed for Digital: How to Architect Your Business for Sustained Success*, The MIT Press

6　従業員向けのベータ版店舗のスタートは2016年12月。

7　Elizabeth Weise USA TODAY, "Amazon opens its grocery store without a checkout line to the public", 2018.1.21（https://www.usatoday.com/story/tech/news/2018/01/21/amazon-set-open-its-grocery-store-without-checkout-line-public/1048492001/, 2022.8.27アクセス）

8　https://www.amazon.com/fmc/m/30003067?almBrandId=QW1hem9uIEZyZXNo&ref（2022年9月22日アクセス）

9　https://www.aboutamazon.com/news/retail/amazon-fresh-grocery-store-meet-just-walk-out-shopping（2022年9月22日アクセス）

10　https://www.lawson.co.jp/company/news/detail/1381920_2504.html（2022年9月19日アクセス）

11　マーケティングは，フィリップ・コトラー，セオドア・レビット，ピーター・ドラッカーなどの大家をはじめ，実にさまざまな人により，さまざまな表現で定義されています。米国マーケティング協会（American Marketing Association）が2017年に公認した定義は，以下のとおりです。Marketing is the activity, set of institutions, and processes for creating, communicating, delivering, and exchanging offerings that have value for customers, clients, partners, and society at large.（Approved 2017）―マーケティングとは，顧客，クライアント，パートナー，そして社会全体にとって価値あるものを創造し，伝達し，提供し，交換するための活動，一連の制度，そしてプロセスのことである（筆者訳）―

12 Jeanne W. Ross et al.（2016）

13 メタバースは「Meta（超越）」と「Universe（世界）」の合成語です。1992年に発表されたニール・スティーブンソンのSF小説『スノウ・クラッシュ』の中で初めて使われた概念とされています。

14 ロイヤルティの元の意味は「忠誠心」ですが，マーケティングでは顧客が企業やブランド，商品などに抱く，愛着や信頼の大きさのことを指しています。

15 コンピューターの利用状況やデータ通信履歴に関する記録のこと。

16 時，場所，場合の頭文字（Time, Place, Occasion）をとった略語で，人の言動はTPOによって，使い分けられたり変化したりします。

17 マーケティングでは，ニーズと欲求は異なる概念として使い分けています。ニーズ（Needs）とは，「欠乏を感じている状態」を表し，たとえばお腹がすいている状態を「食べ物に対するニーズがある」ととらえます。これに対して，ニーズが具体化したものを「欲求（Wants）」といい，上記の例で言えば，牛丼やラーメン，ハンバーガー，ピザといった，ニーズを満たす特定の対象を指します。

18 需要は，欲求と購買力の関数です。一般的に，人の欲求は無限である一方，購買力には限界があります。欲求があっても購買力がなければ，経済的な需要があることにはなりません。人は使えるお金（予算）の範囲内で，満足度（効用）が最大になるように商品を選んで購入せざるを得ないのです。

19 コカ・コーラ製品一覧（https://www.cocacola.co.jp/brands/coca-cola，2022年9月3日アクセス）

20 これらの外部環境は一般的に，PEST（Politics, Economy, Society, Technology）と総称されます。

21 Lauterborn（1990）

22 AIDMAの他にも，Attention, Interest, Desire, Actionの4つの頭文字を取ったAIDAモデルもよく知られています。AIDMAよりも登場は古く，AIDMAはAIDAをベースにした派生形だと言われています。

23 英語のstroke（打ち鳴らす）からきており，直接・間接のコミュニケーション手段によって，相手の心理が動くように何らかの働きかけをすることを言います。

24 AARRRは，アメリカの投資家デイブ・マクルーアの提唱によるものです。

25 ICTとIT（Information Technology：情報技術）はほぼ同義ですが，Communication（通信）の一語が入ることによって，情報がオンラインで流通し活用されることにも明示的に意識が向いた用語とされ，国際的にはICTを用いることのほうが多いと言われています。

26　購入した商品に関連する商品を併売することで，顧客単価を向上させること。

27　「自分に関する情報は，本人が扱いをコントロールできる」とする権利のこと。

28　日本の個人情報保護法のほか，世界には代表的なものに，EU域内の個人データ保護を規定する「GDPR（General Data Protection Regulation：一般データ保護規則）」や，米国カリフォルニア州に居住する個人の個人情報の収集と処理について定めた「CCPA（California Consumer Privacy Act：カリフォルニア州消費者プライバシー法）」などがあります。

29　Cookie（クッキー）とは，ウェブサイトからブラウザーに発行されるIDや識別子のことです。ウェブサイトの運営者が発行するクッキーをファーストパーティー・クッキーと言い，アクセスしたWebサイトの運営者とは別の第三者が発行するクッキーをサードパーティー・クッキーと言います。

30　2019年にFirefoxやSafariにおいてCookie規制が始まり，2021年4月には，iOS14.5のユーザーがアプリケーションによるトラッキングを拒否できるようになりました。Google Chromeも，2023年末でトラッキングCookieの使用を非推奨にすることを発表しています（2021年時点）。

31　https://www.muji.net/mt/contact/idea_park/023995.html（2022年3月22日アクセス）

32　http://lab.muji.com/jp/ideapark_info/（2022年3月22日時点），https://lab.muji.com/jp/ideapark/（2022年9月21日アクセス）

33　https://readyfor.jp/projects/SnowRiverWine2020?fbclid=IwAR0SWpHSQnA7O5V23_e1waMU_CNXCJxejRqcWxabaM7gybAsAHEnZWmAUiQ（2022年9月28日アクセス）

34　https://kakaku.com/（2022.3.22アクセス）

35　取引に参加するプレーヤーが負担しなければならないコストのことを，**取引費用**といいます。この考え方はR.J.コースやO.E.ウィリアムソンによるもので，コストには金銭的費用以外に労力や手間などの非金銭的費用も含まれます。取引先探索コストや情報収集コストは，その代表的なものです。

36　ロングテールとは，売上の少ない商品の売上（テール）の累積が，上位の売上品目（ヘッド）による売上を上回る現象のことです。

37　フルフィルメントとは，受注・ピッキング・梱包・在庫管理・発送・代金回収の一連の業務のことです。

38　原材料や部品の調達から製造，流通，販売にいたる一連の流れのことをサプライチェーンと言います。

39 Kotler, P. and Keller, K. L.（2006）

40 チャットボット（Chatbot）とは，チャットとロボットを組み合わせた言葉で，パソコンやスマホのアプリケーション上で自動的に会話を行うプログラムのことです。図表3-8のように，ユーザーが問いかけるとあたかも人間が会話をするような感覚で応答を返してくるものがあります。

41 顧客以外のステークホルダー対象のコミュニケーションには，投資家を対象としたIR（Investor Relations）や，地方公共団体が住民に対して公に意見聴収を行うパブリックヒアリング（public hearing）などがあります。一般のマーケティング同様，これらの活動もオンライン・デジタル化が進んでいます。

第 **II** 部

デジタルメディアの
マーケティング戦略

第4章

コミュニケーションメディア

1 マーケティング・コミュニケーション

インターネットの普及に伴って人々の情報リテラシーは向上しつつあり，顧客の情報接触のウェイトは，オンラインへとシフトしています。流通する情報量の増大により，企業と顧客の間の情報非対称性は低下しつつあります。一方的にモノを作って売ればいいという，企業優位のマーケティングは終わりを迎えたといってよいでしょう。

またオンラインによる取引では，「これ買います」，「承知しました」，「代金はいくらです」というような意思疎通は，「デジタル化された情報」にいったん変換されてやり取りされます。デジタルマーケティングにおいては，「情報を媒介するもの」という意味での「メディア（medium）」のウェイトが，非常に大きくなっています。

本章では4PのPromotionのうち，メディアを用いたコミュニケーション開発と，デジタルメディアに焦点をあてて詳しく見ていきましょう。

（1） ステークホルダーとデジタルメディア

企業には，顧客以外にも投資家，マスメディア，取引先，金融機関など，多くの重要なステークホルダーとの接点があります。自社に労働力を提供してくれる従業員もステークホルダーです。企業の活動は，ステークホルダーとの関わり合いなしには成立しません。

近年のマーケティングは，「顧客にモノやサービスを売る」という狭いものから，すべてのステークホルダーとの良好な関係性を構築・維持することへとスコープが広がっています。たとえば，自社の従業員がステークホルダーだと

聞いて意外な顔をする経営者がいまだに少なくありませんが，**インターナル
マーケティング**という概念があります。これは，社内の人々に働くことの意識
づけや意味づけを行うことや，従業員満足の向上を図ることで，それが結果的
に顧客満足につながると考えるものです。不満だらけで働く社員が，真の意味
で顧客に満足してもらえるようなアウトプットが出せるとは考えにくいですよ
ね。

　デジタル社会においては，ステークホルダーに対する感度が低く，対応が悪
い企業の情報は瞬時に拡散し，評価も勝負も一瞬で決まってしまいます。

　今日のステークホルダーは，「いつでも，どこからでも」アクセスが可能な，
モバイルコミュニケーションという手段を手に入れました。情報の発信者も受
信者も，それぞれの目的にしたがって，デジタルメディアによるコミュニケー
ションを積極的に行うのが今日の社会の姿です。機動的なデジタルコミュニ
ケーションが得意な企業は，競争優位性を獲得しやすいということもできるで
しょう。

　図表4−1は，総務省が2021年7月に公表した「令和3年版 情報通信白書」
によるインターネットの利用目的です。ここからは，人々のインターネットの
利用目的が情報の閲覧だけでなく，さまざまな商品の購入や金融取引，SNS，
情報発信などに拡張していることが読み取れます。企業にとっては，デジタル
メディアがステークホルダーとの貴重なコミュニケーションチャネルとなり得
ることを意味しています。

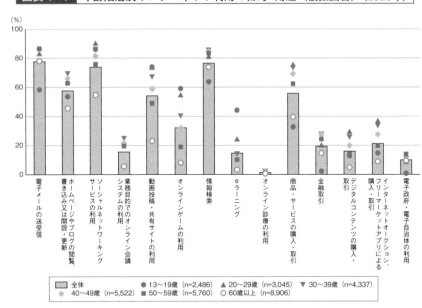

| 図表4-1 | 年齢階層別インターネット利用の目的・用途（複数回答）（2020年） |

出所：総務省「通信利用動向調査」『令和３年版 情報通信白書』「図表4-2-1-7」
https://www.soumu.go.jp/johotsusintokei/statistics/statistics05.html

（2） デジタル時代の顧客タッチポイント

第1章で紹介したMIT CISRの研究チームは，「デジタル化は，（中略）顧客タッチポイントをファシリテート（facilitate）する」と言っています[1]。

顧客タッチポイントとは，顧客が商品やブランドと接触するすべての機会のことです。ファシリテートは日本語に訳しにくい言葉ですが，「円滑にする」，「促進する」，「手助けする」というような意味です。

顧客エンゲージメントを高めていくためには，顧客タッチポイントでのコミュニケーションをおろそかにはできません。ここでコミュニケーションと言っているのは，一方的に「情報を流す」とか「接触する」ということではありません。売り手と買い手が適切な節目で，相互にインタラクションしながら，購買体験の場を共有していく，ということを意図しています。

　まず，顧客タッチポイントはどこにあるのかという話ですが，タッチポイントは，接客場面だけではありません。

　たとえば私たちがホテルを利用するときの例で考えてみましょう。予約，チェックイン・チェックアウト，ルームサービス，付属のレストランやスポーツジムなどが典型的な顧客タッチポイントです。直接顔を合わせることはなくても，室内清掃担当も顧客と接触をしています。クレーム対応も，会員制プログラムやプロモーションメールも，すべて顧客タッチポイントです。直接間接を問わず，カスタマー・エクスペリエンス（CX）は，商品を買う前から始まり，買った後にも継続するのです。この一連の経験のどこかで不満を抱けば，顧客は去ってしまいます。

　デジタル時代の顧客は，リアル店舗でもバーチャル店舗でも買い物をします。当初この2つの世界は分断されており，購買体験はそれぞれの世界で完結していました。しかし今では，リアル空間とデジタル空間の購買体験は融合が進んでいます。「紙の広告を見てオンラインで買う」，「リアル店舗でキャッシュレス支払いをする」，「リアル店舗で買った商品の問い合わせを，チャットボットが応対する」といった具合に，顧客はリアルとデジタルの両方を行き来しながら購買体験をします。図表4－2がそのイメージです。企業にとっては，良好なCXを提供すべき顧客タッチポイントが，何倍にも増えたことになります。

　顧客タッチポイントがリアルかバーチャルかを問わず，企業は顧客に対して一貫したメッセージと対応をとる必要があります。そうでなければ，顧客は矛盾を感じたり理解が混乱したりして，エンゲージメントを低下させてしまいます。顧客にとって2つの空間のCXが，亀裂を感じないスムーズなものであれば，その企業のビジネスに対する好感度は増し，エンゲージメントは向上すると考えられます。顧客とのコミュニケーションは，場当たり的な対応ではなく，2つの空間でコミュニケーションが引き継がれ，顧客体験の受け渡しができる，しっかりした骨格のもとで行う必要があります。次の項で，コミュニケーション開発のステップを見ていきましょう。

図表4-2　購買体験とタッチポイント

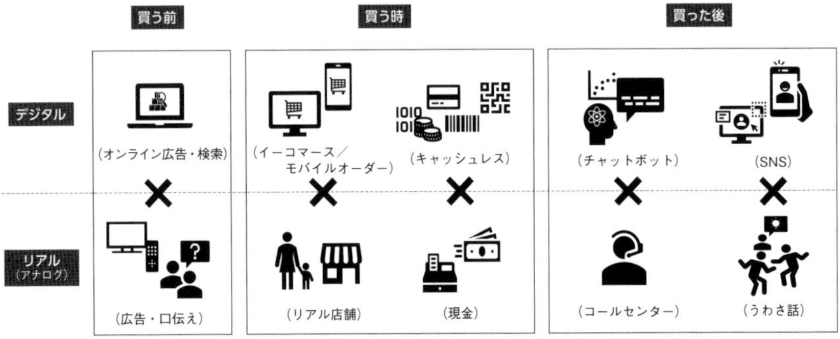

顧客は，デジタルとリアルの空間を行き来しながら体験する

（3）　コミュニケーション開発のステップ

　企業がゴーイングコンサーン[2]であるためには，ステークホルダーとの良好なコミュニケーションが不可欠です。ただ，ステークホルダーと一口に言っても相手はさまざまで，顧客以外にも投資家やマスメディア，従業員など，異なる立場の人がおり，その時々で必要としている情報や接点は異なります。そうは言いつつも，マーケティングは多様なコミュニケーションの連鎖からなるものです。たとえば，株主やマスメディアの評判が悪い企業の商品を，顧客が喜んで買うでしょうか？

　多様なステークホルダーとのコミュニケーションは，結果的に企業のパフォーマンス（業績）の良しあしにつながります。デジタルか非デジタルかにかかわらず，プロモーション施策には誰と，どこで，どのようなコミュニケーションを図るかを設計し，計画的に実行していく骨格とプロセスが必要です。PromotionとPlaceがリンクによって一筆で繋がるデジタルマーケティングでは，よほどこの骨格がしっかりしていないと，せっかくのオンラインの長所を活かしきれません。

　コミュニケーションの設計で明らかにしておくべきことは，以下のようなことです。

　①　対象の明確化

②　コミュニケーションの目的と達成目標の設定

③　メッセージング

④　予算設計

⑤　メディアミックス（メディア選定）

⑥　効果測定と評価のフィードバック

　ここでは便宜上，①から⑥まで順番に記しています。しかし，これらの要素は整合していなければ意味がありませんので，実務的にはほぼ一斉に設計し，意思決定をしておく必要があります。各項目の内容は，次節で詳しく説明をします。

図表4-3　マーケティング・コミュニケーションのプロセス

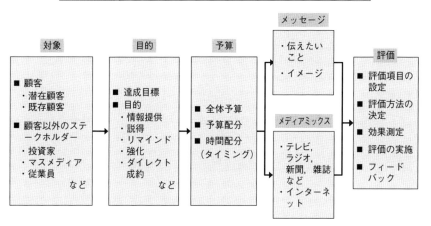

2　コミュニケーション設計の第1ステップ
―対象と目的の明確化

（1）　誰に伝えるか（対象）

　まず，コミュニケーションを図る対象を明確にしましょう。

　「刺さる」メッセージであるためには，それがどのステークホルダーに届け

ようとするものなのか，メッセージを受け取った人にはどのような行動を起こしてもらいたいのかを決めることが大事です。万人対象のメッセージングは，中途半端に陥りがちです。

特に顧客とのコミュニケーションは，ファネルのどの段階にいるかによって，伝えるべきメッセージが異なります。買い手自身は自分がどの段階にいるかを自覚していなくても，次の段階に進んでもらうために，背中を押す必要があるからです。

第3章で触れたとおり，デジタルコミュニケーションの特徴の1つは，オンライン上のふるまい，すなわちある行動変数を満たす「個客」に，パーソナライズしたメッセージを出し分けられることです。「どういう行動を示す人には，どういうメッセージングをするべきか」を，パターン化によって明確にしましょう。

（2）　何を伝えたいか（メッセージ）

商品の特徴や機能や性能，価格，ライバル商品との違い，企業イメージ，経営情報など，伝えたいことをクリアにしましょう。

実際にやってみると案外難しいのがこのプロセスです。「あれもこれも伝えたい」，「ついでにこれも……」と，言いたいことをぎっしり詰め込んだ結果，情報過多になって，「伝わらない」，「刺さらない」広告やホームページは，世の中に多くあります。

「何を伝えたいのか」とは企業目線の言い方ですが，情報の発信者（企業）は，情報の受け手が知りたいと思うことを理解し，それを適切に伝える姿勢が必要です。一方的に言いたいことを垂れ流すのは単なる自己満足であり，コミュニケーションではありません。自社や商品を理解し，好意を持ち，購買行動を起こしてもらうために，何が必要かを考えましょう。

もう一つ大事なのは，広告やホームページでは偽りや誇張をせず，誠実に正しい情報を伝えることです。それは，景表法[3]などで規制される，優良誤認や有利誤認を与えないということだけではありません。真正性や信ぴょう性の高い情報発信と誠実な行動姿勢に基づくマーケティングを，**オーセンティティマーケティング**と呼ぶことも，合わせて覚えてください。

　顧客は複数のメディアから，企業や商品に関する情報やメッセージを無意識のうちにも受け取っています。どの経路でその情報に接したかを正確に覚えていなくても，複数のメディアで繰り返し接触した情報は，やがて顧客の頭の中で統合されて記憶として定着します。したがって，企業が発信するメッセージには一貫性を持たせることが重要です。たとえば，ホームページに書いてあることと広告で言っていることに矛盾があると，顧客の理解は混乱してしまい，行動には結びつきません。

（3）　目的と目標の設定

　マーケティング・コミュニケーションは目的を明確にし，実数や率など，客観的な測定が可能な指標でゴールを設定しましょう。コミュニケーションの目的とされるものには，認知向上，需要喚起，ブランディング，CRM，市場や社会におけるレピュテーション[4]の向上などがあります。

　企業が発信するコミュニケーションメッセージには，「新商品を認知してもらう」，「自社に関する情報を正確に伝える」という情報伝達機能だけでなく，商品やサービスの魅力を伝えて購買意欲を喚起する説得機能，「自社の商品を思い出してもらう」リマインド機能などがあります。あるいは「自社商品の購入者に，自分は正しい選択をしたという確信を与える」心理的強化機能や，「流行や文化を創造する」というような社会的な機能といったものも考えられます。

　コミュニケーションの目的を設定し，指標となる項目を定めて成果を測定することによって，目的が達成されたかどうかの評価ができます。指標となるものの例には，出稿広告への反応数，認知率，購買金額や購買率，再購買率（リテンション率）などがあります。

　デジタルコミュニケーションは，他の媒体に比べて数値的な効果測定が容易です。そうは言っても最初に目標と評価項目を設定しておかないと，後から気づいても，「データを取っていないから，狙ったとおりの成果が出たかどうかがわからない」ということになりかねません。デジタルメディアによる，コミュニケーション効果の測定については，章をあらためて後述します。

3 コミュニケーション設計の第2ステップ
　　―露出計画と制作

（1）　予算をいつ・どのくらいかけるか

　プロモーションには広告，キャンペーンなどのSP，イベント，広報など異なる目的と種類の活動があり，それぞれにそれなりのボリュームのコストがかかります。プロモーション計画を立てるにあたっては，何にどの程度コストをかけ，予算はどのタイミングで執行するのかを決める必要があります。

　一般的に，人はある情報に3回程度接することで対象を認知し，広告には7回ぐらい接すると，記憶に残る可能性が高まると言われています。また「ある対象への好感度は，その対象との接触回数に依存する[5]」とも言われます。要するに，人は企業が発信するものにどこかで一度や二度接した程度では，ほとんど内容を意識しないということです。

　認知獲得のためには，まずはある程度繰り返し，広告の露出やメディアで情報発信ができる十分な予算が必要です。十分な露出量がなければ，期待する効果は得られません。つまりそのメッセージはコストをかけたにもかかわらず，発信されていないも同然ということになってしまいます。

　一方，一定の繰り返しにより認知を得た後は，それ以上露出量を増やしても，無限に効果が上がるわけではありません。度を越せば，うるさがられてしまいます。プロモーション施策1種類当たりの予算は，少なすぎても多すぎても意味がありません。

　デジタルコミュニケーションは，量的な露出に頼るだけでなく，個客がある行動（検索する，閲覧する，クリックする，買うなど）をとった時に，ピンポイントでタイミングをとらえられることが魅力です。コミュニケーションの構造さえしっかり設計できていれば，高い費用対効果が期待できます。

　プロモーションは，新商品の発売前後，顧客の購入検討時，リニューアル時，決算時など，ふさわしい時を選び，ふさわしい手段で予算執行する必要があります。これは，商品開発部門やIR担当などとの連携のうえでなければできな

い仕事です。プロモーションは，マーケティング部門だけでは成り立たない，全社的なミッションであることを理解しましょう。

（2）　何を使って伝えるか（ビークル）

　企業がプロモーション告知をする手段には，新聞，雑誌，テレビ，ラジオ，チラシ，交通広告，店頭，ホームページ，インターネット広告など，さまざまなコミュニケーションメディアがあります。それぞれのメディアには長所も短所もあり，特徴をよく理解して使い分ける必要があります。伝えたいメッセージを載せて伝達する「乗り物」という意味で，手段となるメディアのこと，あるいは選定した個々の媒体名のことをビークル[6]と呼んだりもします。

　デジタルメディアには，魅力的な特徴があります。まず，デジタルメディアは表現技術の進歩により，動画，写真，テキストなど多彩な表現を盛り込むことが可能です。さらに，テレビや新聞などの伝統的なメディアに比べて，顧客1リーチ当たりのコミュニケーションコストが比較的安価であることも魅力的です。

　デジタルメディアはPromotionとPlaceをうまくつなげることで，成約効果やロイヤルティ効果を高めることが期待できます。たとえばオンラインなら，告知広告とイベント，クーポンやポイントなどのインセンティブを，リンクやアプリケーションで切れ目なく組み合わせることが可能です。

　後述するように，発信主体の異なるオンラインメディア（トリプルメディア）からも，目的のサイトへトラフィック[7]誘導を図ることもできます。喚起した顧客の関心や意欲を，利便性を提供するユーティリティサイトに直接つなげることも容易です。

　ただしデジタルメディアには，ITリテラシーが低い層にはリーチしづらいという弱点があります。したがって総論としては，企業は非デジタルのメディアもうまく組み合わせたメディアミックスで，最も効果的な成果を上げる統合型のマーケティング・コミュニケーションを目指すべきです。

（3）　どのように伝えるか（表現）

　伝えたいことが決まったら，印象に残るわかりやすい言語表現にしたり（コ

ピーライティング），アーティスティックな表現に落とし込んだりする作業（アートディレクティング）が必要です。日本では，このような作品制作に関わる工程や制作物のことを，**クリエイティブ**と呼びます。ただしこれは，和製英語なので海外では通じません。

クリエイティブは，メッセージの本質的な意味と印象が，一体的に表されていることが重要です。誇大でも虚偽でもなく，誤認もさせないことは，デジタル表現でも変わりありません。単にカッコいい，芸術的に美しいというだけでは役割達成できないのです。

よくある失敗は，「広告に出ている人や楽曲は覚えているが，何の広告だったかは思い出せない」というようなケースです。それでは自社のプロモーションではなく，起用したタレントさんや楽曲の宣伝をしてしまっているようなものです。華やかさに心奪われず，あくまでも自社のマーケティングに資する表現開発をして，本来の目的を達成することが大事です。

4　トリプルメディアとオンライン広告

（1）　日本のオンライン広告の姿

2021年は，日本の広告にとって節目の年になりました。電通の推計によれば，テレビ，新聞，雑誌，ラジオのマスコミ四大媒体の広告費の合計と，インターネット広告の広告費が1996年以来初めて逆転したからです。

1996年といえば，日本ではYahoo! Japan（http://yahoo.co.jp）のような利用者数の多いサイトで，広告掲載が始まった年です。大手の広告代理店が，インターネットの広告枠を専門に取り扱うメディアレップを設立[8]しました。通信キャリアのNTT（日本電信電話株式会社）も，インターネット通信だけでなく，インターネット広告やデータベース・マーケティングを扱う子会社[9]を設立したりしました。この年はわが国における，インターネットマーケティング元年とでも言うような年でした。

上記の推計によれば，当時から日本の広告費はおおむね5兆円台後半から7兆円前後で推移していますが，注目すべきはその内訳です。**図表4-4**にあ

るとおり，インターネット広告の出稿量は衰える気配もなく増加の一途をたどり，ついに四大媒体やその他のプロモーションメディア[10]の広告費を抜き去ったことがわかります。

　別の調査[11]によれば，東京地区の15歳から69歳の1日当たりのメディア総接触時間（週平均）は，パソコンやタブレット，携帯電話／スマートフォンなどによるものが毎日約4時間と，他の媒体と合わせた総接触時間の半分を超える状況となっています。デジタルコンテンツが，認知のための広告媒体としてだけでなく，マーケティングのきわめて有力なチャネルとなっていることがわかります。

図表4-4 日本の広告費の推移

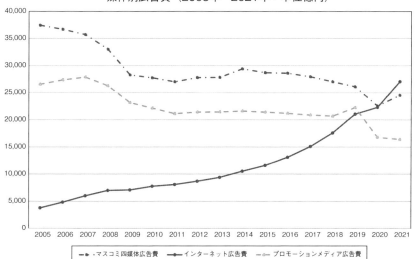

媒体別広告費（2005年〜2021年：単位億円）

出所：「2021年日本の広告費」（株式会社電通2022年2月発表）より筆者作成

（2）　デジタルのトリプルメディアとは？

　社会には，企業との接点となるメディアが複数あります。誰が情報の発信主

体となり，情報の流通をリードするかによって，オウンドメディア，ペイドメディア，アーンドメディアの3種類に分類でき，これを総称して**トリプルメディア**と呼びます。

　以下に述べるような主体によるメディアの特徴や違いは，デジタルメディアに限るものではありませんが[12]，うまく役割分担させ，マーケティングを連動させることによってパフォーマンスに大きな差がつくデジタル時代になってから，「トリプルメディア」という用語と共に一層の注目を集めるようになったものと考えられます。

図表4-5　トリプルメディア

　オウンドメディアはowned media，すなわち自社で保有運営し，自ら情報発信の主体となるメディアのことです。たとえば自社ホームページや自社で発行するメールマガジンなどがこれにあたります。

　ペイドメディアとはpayed media，すなわち広告媒体となる社外のサイトに企業が媒体費を払って，広告や記事を出稿するメディアのことです。

　アーンドメディアはearned media，自社以外の運営者による公開ブログやSNSなど，顧客の口コミや識者や記者などの評価者の意見が表明される，外部のメディアです。一般の投稿や口コミ機能が主軸になるSNSのようなものを，ある程度の信頼性が確立されたパブリシティやインフルエンサーの記事などとは区別して，**シェアードメディア**（shared media）と呼ぶこともあります。

　企業はアーンドメディアで流通する情報の中身を，自由にコントロールすることはできません。Earn（得る・獲得する）という単語が示すとおり，企業はメディアに取り上げられることによって，外部の人々からの評判や信用が得られるのを期待することになります。中でもSNSや口コミサイトは，消費者が商品の使用体験の投稿や他者との情報交換を通じて，共通の認識を得たり一緒になって評価をしたりするために，**共感媒体**と呼ばれることがあります。

　アーンドメディアに書かれたことは，広範囲に拡散します。良くも悪くも「ネットに書いてあったから」という理由で，短期間に多くの人々の購買行動に影響を与えることが少なくありません。

　以前から，似たような性質を持つオフラインのメディアは存在していました。ただし，それらには弱点があります。それは，ダイレクトレスポンス性が低く，購買行動が連鎖しにくいことです。認知から購買までの行動が分断されてしまうため，必ずしもマーケティングの効率が良くありません。

　一方でデジタルメディアは，情報が伝播するだけでなく，同時に顧客とのダイレクトなタッチポイントになるという特徴があります。メディア間にリンクを張り巡らすことで，顧客のトラフィックを購買へと誘導できる接続性が強みです。このため，トリプルメディアそれぞれの特性を活かした，良質なカスタマー・エクスペリエンスを提供する，切れ目のないメディアミックスが成否のカギになります。**図表4-6**にトリプルメディアの主な特徴をまとめました。

	特徴	メディアの主体	主なコミュニケーション対象	目的
ペイドメディア	企業が情報の内容を，メディアが定める規格の範囲内でコントロールできる	・媒体社	・幅広い顧客層（認知が薄い層）	認知や関心を呼び起こす
オウンドメディア	企業が情報の内容やコンテンツを，自由にコントロールできる	・自社	・企業や商品などについて，それなりに認知や興味を持っている顧客層	理解を深め，関係性を構築，維持する
アーンドメディア	基本的には企業は流通する情報をコントロールできない（自社アカウントでの情報発信を除く）	・パブリシティ一媒体 ・SNS（情報共有サイト） ・インフルエンサー	・検討段階で，他者の評価が気になる顧客層 ・関連性の高い共通トピックスに興味関心がある層	評判を高め，ポジションを確立する

（3）　オンライン広告の特徴

　オンライン広告には，従来の広告とは異なるメリットがあります。

　1つ目は閲覧者の属性や行動パターンによって，掲出する情報を出し分けられる**ターゲティング性**，2つ目はユーザーがその場で反応できる**双方向性**です。3つ目に，効果測定がしやすいため効果を見ながら出稿パターンを調整できることや，比較的小口の広告から出稿できる**経済性**も魅力です。

　最も初期のオンライン広告は，コンテンツ内にテキストやGIF[13]形式で記述された広告を，一律に表示する程度のものでした。現在は，表現技術の進歩だけでなく，複数の媒体に広告配信を行うアドサーバや，属性のマッチング機能を介して広告配信する技術的なしくみが整っており，さまざまなバリエーションがあります。

　オンライン広告が普及する背景には，デジタル広告枠の卸販売を行い，広告配信管理やレポーティングなどの役割を担う**メディアレップ**の存在があります。従来の広告出稿とは異なる出稿ノウハウや広告配信のしくみが必要になるため，

図表4-7のような業界構造が確立されています。

　インターネットユーザーのオンライン上でのふるまいに即応して，複数のメディアを束ねてリアルタイムに広告を出し分けるしくみや，効果測定のプログラムを，一般の企業が個別に構築するのは合理的ではありません。もちろん，広告主が自分で直接出稿媒体を選んでもよいのですが，無数にある広告媒体や出稿枠を，最適な形で選択するのも容易ではありません。このようなオンライン広告独特の専門的な業務を，広告主や一般の広告代理店から委託されるのがメディアレップです。

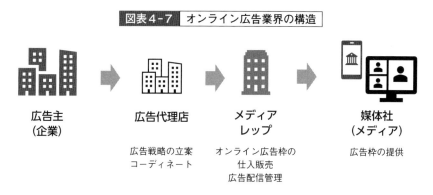

図表4-7　オンライン広告業界の構造

広告主 （企業）	広告代理店	メディア レップ	媒体社 （メディア）
	広告戦略の立案 コーディネート	オンライン広告枠の 仕入販売 広告配信管理	広告枠の提供

　オンライン広告はデジタル技術の発達に並走しながら，さまざまな表現形態が発展してきました。新しい広告の掲出方法が出現するにつれて，広告の種類を表す名前も実に多くなりました。異なる名称で概念が重複しているものも少なくありません。本書では基本的なものに絞って紹介をしていきます。

　次章で，オンライン広告の種類と特徴について見ていきましょう。

まとめ

- デジタルマーケティングに不可欠なのが，デジタルメディアの効果的な活用です。デジタルメディアは，情報流通をリードする主体によって，オウンドメディア，ペイドメディア，アーンドメディアの3種類に分類し，トリプルメディアと総称します。
- 企業には，顧客以外にもさまざまなステークホルダーがいます。誰に，どのようなメッセージを，どのように伝えるかという，コミュニケーション設計の基本は崩さないようにしましょう。
- トリプルメディアは異なる特徴を持ちながらも，リンクでつながり合い，ひとつながりの**購買動線**を形成できます。コミュニケーション対象にメッセージが最も届きやすいメディアを選び，役割分担をさせながら，マーケティングの成果を最大化しましょう。

第5章

デジタルメディアの特徴を活かす

1　ペイドメディア

　ペイドメディアは，メディア（媒体社）に広告料を払って掲出を行う広告です。ペイドメディアへの出稿は，メッセージが届く範囲（リーチ）が広いため，自社や自社の商品を知らない層に対してアプローチすることを主な目的として利用されます。

　広告媒体となるオンラインメディアには，アクセス数の多いウェブサイトの他に，登録会員数の多いSNSやスマホアプリ，YouTubeのように投稿者や閲覧者の多い動画配信サイトなどがあります。オンライン広告は媒体社にとって収入源であると同時に，コンテンツの空きスペースを無駄にしないというメリットがあります。広告主にとっては，小口の広告から大きくて目立つ広告まで選択の幅が広く，柔軟な出稿ができます。

（1）　純広告と運用型広告

　ペイドメディアは，広告をどのように露出し課金するかによって，純広告と運用型広告に分類できます。

　純広告は，媒体となるサイトの広告枠を一定の期間買い取る，あるいは一定の露出回数を確保することで効果を狙うものです。ニュースサイトや人気があってアクセス数が多いサイトで，商品名やブランド名などを大きく掲げて購買意欲をそそるような訴求をしているものの多くは純広告です。純広告は，新聞の広告スペースを買い取ったり，テレビやラジオで一定の回数や期間にCM（コマーシャルメッセージ）を流したりするのと同様のイメージです。

　純広告のうち，予約により広告の掲載期間が決まっているものを期間保証型

広告といい，広告や広告ページの表示回数を保証するものを，インプレッション保証型広告あるいは，PV（page view：ページビュー）保証型広告と言います。

　純広告は，自社の商品やブランドなどになじみがない潜在顧客層などに対して，認知効果や潜在需要を掘り起こす効果が期待できる広告です。一方で，効果の有無にかかわらず広告費用がかかり，アクセス数の多いサイトの媒体料は高額なことが多いこともあります。広告を見る人は受動的な情報接触者が多いという意味では，1成約当たりのコスト効率を表す純広告のCPA[14]は，必ずしも高くありません。

　運用型広告は，条件によって広告を出し分ける技術を用いて，最適な広告の出稿先をリアルタイムでチューニングしたり，出稿バランスをコントロールしたりするものです。純広告とは異なり，運用型広告の掲載枠は，あらかじめ固定されたものではありません。

　運用型広告の掲出条件の基準となるものには，広告主の予算上限，閲覧者の行動や属性，閲覧しているデバイス，キーワード検索やコンテンツとの関連性の高さなど，さまざまなものがあります。中でも，広告の配信先をリアルタイムで入札し，予算とのバランスを取りながら閲覧者とのマッチング精度の高い広告を自動配信するしくみや，ユーザーの自社サイトの過去の閲覧やクリックの履歴などをもとに，顧客に再アプローチを図るリターゲティング広告は，デジタルマーケティングならではのものです。

（2）　ディスプレイ広告とリスティング広告

　オンライン広告には，あらかじめ媒体側で規定した形や原稿のデータサイズがあり，そのような表現形式によって分類する呼び方もあります。広告媒体となるサイトに，ある程度の面積のスペースを取って，画像や動画が表示されるものをバナー[15]広告と呼び，テキストメッセージだけが表示されるものをテキスト広告と呼びます。

図表5-1　Yahoo！ Japanトップ画面上部のバナー広告（囲み部分）

＊点線で囲んだ部分がディスプレイ広告　（https://www.yahoo.co.jp/　2022.8.27アクセス）

　広告の表現形式や形の違いによる名称は，分類学的にはMECE[16]でないところがあり，次々に新しい形式の広告も登場するのですが，よく使われる別の名称もあります。それも以下で見ていきましょう。

　バナー広告のように，サイトのページに大きめのスペースを取り，図や写真などをデザインしているものは，**ディスプレイ[17]広告**とも呼ばれます。ディスプレイ広告は，カラフルな写真や動画，アニメーションなどを駆使できるため，印象に残る豊かな表現が可能です。このため，商品の画像やブランドイメージを代表するロゴなどで視覚に訴えて興味を引くことに向いた広告です。Amazon.comのようなECサイトへの出稿はアクセス数が多いという理由だけでなく，まさに買い物をする現場に広告出稿をすればそこで購買につながるという理由で，広告出稿金額が増加する傾向にあります。

　主にテキスト形式で，「○○はお任せください」というような文言と共に列挙表示される広告は**リスティング広告**と呼ばれます。テキスト広告はリスティング広告の典型例です。

リスティング広告は，人に刺さるメッセージを言葉で表現するものです。制作の際には，購買の初期段階にある人に具体的な関心を向けてもらえるような，端的なメッセージを広告に託すことが有効です。

リスティング広告には，視覚的な派手さはあまりないかもしれません。しかし制作費用が安価で，初めてオンライン広告を出そうとする企業にとっても，敷居が低いという利点があります。的確な文言であれば，ディスプレイ広告よりもクリック率が高くなることがあります。また，表現がシンプルなため，コンテンツの邪魔をすることや，うっとうしいと思われることが少ないとも言われています。検索サイトの結果画面に表示されるリスティング広告は，検索結果本文との区別が明確になるよう，目立つ位置に広告であることの表示がなされます（図表5-2）。

（3） その他のオンライン広告

オンライン広告では，閲覧者の興味を引き，購買ポテンシャルの高い層に選択・決断を促す効果が高い広告となるために，デジタル技術が用いられます。

次々と広告のバリエーションが登場する中でも注目されているのは，広告の露出先となるサイトの内容や文脈をプログラム解析し，関連性が高い広告をマッチングして自動配信する手法です。これは**コンテンツマッチ広告**や**コンテキストマッチ広告**と呼ばれるもので，AI（人工知能）によるコンテンツの解析精度が向上するにつれて，一層の効果が上がるものと期待されています。

アフィリエイト広告は成果報酬型の広告で，オンラインならではの広告形態です。成果報酬型広告とは，広告を見たユーザーがクリックした先のサイトで，商品購入をする，会員登録をする，資料を請求するなど広告主があらかじめ設定したアクションを，広告を見た人が完了したときに初めて広告費が発生する方式です。この広告主が期待して設定したアクションが完了することを，**コンバージョン**と言います。

アフィリエイト広告の中には，月額固定費がかかる場合があります。また，不正なコンバージョンが行われていないかを監視する稼働がかかることが，注意点です。積極的にアフィリエイト広告を受け付けている善意のサイトは，一般的には自身の閲覧数を増やす工夫をしていることも多いため，サイトのコン

| 図表5-2 | Google検索結果のリスティング広告（部分） |

Google　光フレッツ　×　🎤　🔍

🔍すべて　📰ニュース　🖼画像　🛒ショッピング　▶動画　⋮もっと見る　　ツール

約 8,760,000 件 （0.31 秒）

広告・https://www.hikari-n.jp/ ▾
NTT フレッツ光 - NTT東日本
お住まいの地域ならNTTが提供する**フレッツ光**がおすすめ！豊富なキャンペーンとサービスでおトク。**光 フレッツ**なら定額プランでストリーミング再生はいかが？使い...

料金プラン
あなたに最適のプランをご案内 月額割引キャンペーン中

集合住宅向けプラン
フレッツ光ライトマンションタイプ 月額実質2,090円〜の料金プラン

広告・https://www.flets.com/ ▾　0120-009-070
【公式】NTT東日本のフレッツ光 - NTT東日本/フレッツ光のお...
新規開業・移転、通信費削減などビジネスに合わせ安全な通信・ソリューションをご提案します。

広告・https://www.i-hikari.com/ntt東日本 ▾
NTT フレッツ光 - NTT東日本
フレッツ光【NTT東日本】月額2,200円税込〜。最大7.9万円還元実施中。開通前レンタルルーター有

広告・https://www.fletshikari-ntt.jp/ ▾
NTT フレッツ光 - フレッツ光 インターネット
フレッツ光は月額実質2,090円〜（税込）。月額12ヵ月割引プランあり+最大79,000円キャッシュバック

https://flets.com ▾　　　　　　　　　　　（**2022.8.27** アクセス）

テンツと連動性の高いクリエイティブを提供することが，望ましいと考えられます。

（4）　広告配信のしくみと検索連動型広告

　オンライン広告配信は，技術的には複数の媒体を束ねて広範囲のサイトに広告配信を行う**アドネットワーク**や，**DSP**（Demand-Side Platform）と**SSP**（Supply-Side Platform）と呼ばれる，**デジタル・プラットフォーム**によって実現されています。

　みずからサイトにアクセスしてくる人は，そのページに書かれている内容に

関心がある人です。また，検索サイトで調べごとをする人は，キーワードに関連した商品やサービスにも関心を持つ可能性が高いと考えられます。オンライン広告の配信ロジックは，このような「能動的に情報に接触しようとする人には，それにふさわしい広告を見せる」という発想によって構成されています。しくみを提供するのは，主に大手のメディアレップや配信専業事業者などです（図表5-3）。

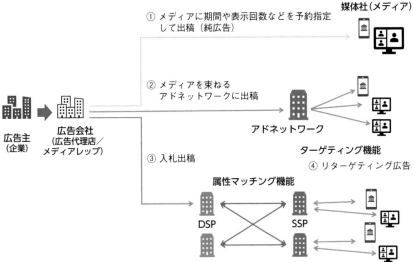

図表5-3 オンライン広告配信のしくみ

出稿枠を固定するのではなく，閲覧者の属性と広告媒体の属性をマッチさせたり，ターゲットごとに広告を出し分けたりするしくみを利用して，フレキシブルに配信する広告のことを**運用型広告**と呼びます。検索サイトでキーワードに連動して，結果画面に自動的に広告が出力されるものを特に，**検索連動型広告**と呼びます。

運用型広告は，広告の露出を細かくチューニングできることがメリットです。しかし精度が高いパターンを見つけ出し，チューニングのノウハウを蓄積するには，それなりの時間と経験が必要です。もちろん運用をアウトソーシングす

る方法もありますが，その場合は広告出稿料とは別の運用コストがかかることになります。

2　オウンドメディア

オウンドメディアは文字通り，自社が「保有する」メディアです。自社独自のECサイトやコンテンツサイト（ホームページ），メールマガジン，スマホのコンテンツアプリなどを運用することで，デジタルマーケティングの4Pのうち，PromotionとPlaceの基盤的な役割を，メディアに担わせることができます。

（1）　ホームページ

オウンドメディアは自由なフォーマットで，自社のマーケティング目的に合わせて自由に情報発信できることが最大のメリットです。ここでは主に，ホームページの基本的な作りと機能を見ていきます。

オウンドメディアの代表格は，企業のホームページです（ECサイトについては章を分けて別に記述します）。企業のホームページが果たす大きな役割の1つは，情報提供とブランディングです。それはすなわち経営情報や，自社の事業の魅力を正確に伝えることです。たとえば顧客には商品やサービスの紹介を，投資家にはIR[18]情報を，報道関係者には報道発表資料をといったように，それぞれのステークホルダーが必要とする情報を誠実に提供し，企業のブランドを確立します。

オウンドメディアでは，単に説明や商品の羅列に終始しないようにしつつ，自社のブランドの世界観や価値観などを十分に表現し，競合他社との差異化を図っていく必要があります。

ホームページを作成するときには，ページのレイアウトを示す**サイトマップ**（図表5-4）や，**ワイヤーフレーム**（図表5-5）という，コンテンツとリンクの配置を表す設計図を最初に作ります。1ページにコンテンツを詰め込みすぎることは避け，適当な長さで複数のページに分割し，リンクでつなぎます。このリンク構造を作るためのページ割り作業を，**ページネーション**と言います。

企業には，オンライン空間に閉じないリアルな場における活動があります。

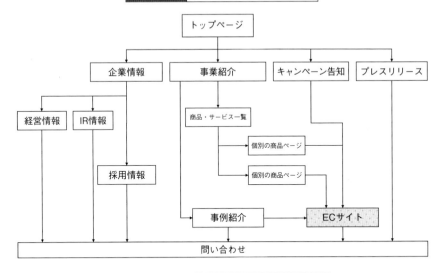

図表5-4　サイトマップのイメージ

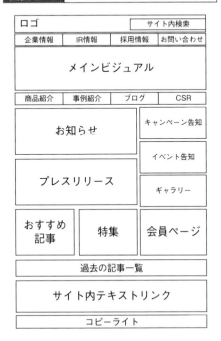

図表5-5　ワイヤーフレームのイメージ

店頭での取り組み，展示会，顧客を招待して行うイベント，報道機関向けのプレス発表など，その時々に実施される活動に関する情報提供も同時に行い，事業全般にわたる問い合わせ窓口を，ページ上にわかりやすく設けておく必要があります。

　事業活動はマーケティング以外の部門が主管で行うものも少なくありません。製品担当や営業部門，物流担当，報道対応部門，IR（Investor Relations）部門など，社内の関連部門とタイムリーに連携できる体制を整備しておきましょう。

　近年は，異なる言語や文化，視覚や身体が不自由な方など，どんなバックグラウンドの人にとっても利用しやすいサイトであるように，**アクセシビリティに配慮したデザイン（ユニバーサルデザイン）**であることも求められています。具体的には，配色やテクスチャー，文字の大きさ，十分な余白，点滅や余計な動きの制限，平易な文章表現，オーディオコンテンツの導入など，考慮すべき要素は少なくありません。また，パソコンだけでなくスマホ，タブレット端末，OS（Operating System）やブラウザーの違いなど，ユーザーの閲覧環境に合わせて表示ができるようでなければなりません。

（2）　メールとコミュニケーションアプリ

　ホームページと並び，自社で比較的フレキシブルに運用できるマーケティングツールに，電子メールやLINEのようなスマホのコミュニケーションアプリがあります。

　メールやスマホアプリによるマーケティングは，仲介業者を通さずに，売り手と買い手が直接コミュニケーションをする**ダイレクト・マーケティング**の一種だともとらえられます。顧客の許諾さえ得られれば，メールマガジン（メルマガ）のような形で定期的に情報提供を行い，商品や企業に対する理解の促進を図ったり，親近感を高めてもらったりすることができます。

　他にも，購買後のサンクスメールをアンケート仕立てにして，商品やサービスの改善に生かす調査ツールとしても活用している企業の例もあります（**図表5-6**）。

図表5-6	搭乗後のアンケート付きサンクスメール（日本航空）

(JALinfo)ご搭乗のお礼 9月5日
(月) JL2240便 受信トレイ ☆

 JAL_INFO 9月5日 ↩ ⋯
To ＊＊＊＊＊ ⌄

＊＊＊＊＊ 様

この度はJALグループをお選びくださいまし
て、ありがとうございます。
この先もお気をつけて目的地やご自宅までご移
動くださいませ。

■ご搭乗便

9月5日(月) JL2240便
新潟 → 大阪(伊丹)

☆ご搭乗の感想をお聞かせ下さい / We want
your feedback!☆

一部メーラーにおきましては動作保証対象外となる場合がございます /
Some mailers may not be guaranteed to work

送信/Send ━━━━━━━

　人がニーズを自覚するきっかけには，内的刺激によるものと外的刺激による
ものがあります。たとえば，自然に空腹を感じて食事をしたくなることは，内
的刺激によるニーズの認識です。一方で，料理の記事が載っている雑誌を読ん
でいるうちに，空腹を感じてレストランに行きたくなるのは，外的刺激による
ニーズの自覚です。

　自分が満足できるレストランを知っている場合は，そのまま行動すればよい
のですが，そうでない場合はどこで食べればいいか，値段は見合うかなど自分
で情報探索をしなければなりません。このような顧客の自発的な行動がトリ
ガーになるコミュニケーションパターンを，プル（pull）型と呼びます。

　プル型コミュニケーションには，企業はある種の待ちの姿勢とならざるを得

図表5-7 米国Uber社からのプッシュ型メール（部分）

（2022.08.30閲覧）

ない弱点があります。たとえば検索サイトに広告出稿をしていても，顧客が適切なキーワードを想起できなければ，広告を見てもらえる可能性は低く，自社サイトへの訪問はありません。

　これに対して，メールやスマホアプリによる**プッシュ型**のメッセージングコミュニケーションには，企業からの外発刺激によってAIDMAやAISASの途中段階にある顧客を，次のステップへ後押しできる利点があります。また，関心が薄れて離脱しかかっている既存顧客を呼び止め，購買意欲を再喚起する効果も期待できます。プッシュ型のコミュニケーションは，タイミングよく魅力的なタイトルでメッセージを送り，開封してもらえれば，ワンクリックで購買動

線に誘導ができる，効果の高い手段です。文字や文章だけに頼るのではなく，写真や軽めの動画などをつけて，視覚的にも訴えかけるような表現なら，より具体的なイメージを持ってもらうことができるでしょう。プッシュ型のコミュニケーションによるデジタルマーケティングは，送信自体は低コストで，適切な内容のメッセージを個人に送達できる点も長所です。

ただしわが国では，営利団体や個人事業者が，営業目的の広告宣伝のために電子メールを送信する場合には，特電法[19]の定めを守り，迷惑メールとならないようにしなければなりません。

特電法の要点は大きくは2つです。1つ目は，事前に受信者の同意を得る**オプトイン方式**であること，2つ目は送信者についての，所定の情報の表示義務です。

オプトイン方式は，同意後も受信者が受信拒否（オプトアウト）ができるよう，わかりやすいところに動線を設置することが義務づけられています。ECサイトや企業からのメールの一番下に「配信解除」というリンクが設けられているのがそれです。オプトアウト通知があったときは，以後原則として企業はメールを送ることができません。

プッシュ型のマーケティングには，他にも個人情報保護法など順守すべき法律があります。また法律違反でなくても，長すぎる，画像が重すぎる，頻繁すぎる，また，立ち入りすぎた内容のものは逆効果になることに注意しましょう。

（3） 検索サイトとSEO

プッシュ型のメディアのリンクから購買行動を起こす場合と異なり，顧客が「こういうものが欲しいんだよね」と，自発的に行動を起こすときに役立つのが検索サイトです。企業が検索サイトに広告出稿をして，自社商品の購買や認知向上を図ることはすでに見たとおりです。

検索ユーザーは膨大なネット上の情報から，必要な情報に早くたどり着き，自分の欲求を満たすことを求めています。たいていの場合ユーザーは，検索結果の上位数件程度しかクリックしません。つまり企業にとっては，どこに自社のホームページ情報が掲載されるかによって，誘導効果が異なるということです。媒体画面上の場所取り合戦が起こるのは想像に難くありません。

　検索結果の表示画面には，広告とは別に，**強調スニペット表示**といって，入力された検索キーワードに対して的確な回答になっていると検索エンジンが判定したサイトを，画像や文章などとともに検索結果の最上部などに強調表示する機能があります。企業は高い広告費用をかけるだけでなく，自社の情報が検索結果の上位に表示されたり強調表示されたりするために，対策をするようになりました。検索エンジンのアルゴリズムを解析して，自社のサイトの作りを工夫し，検索サイトにおける自社の情報の出力位置を最適化することをSEO（Search Engine Optimization）と言います。

図表5-8　Google検索結果の強調スニペット表示

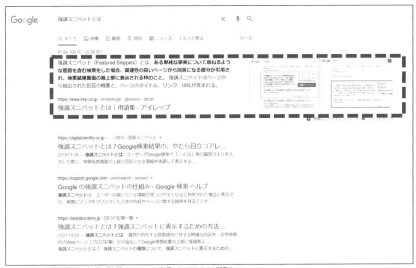

＊点線で囲んだ部分が強調スニペット表示（2022.8.27閲覧）

　検索サイトのしくみを簡単に紹介しましょう。Googleのような大手の検索事業者は，リンクをたどって自動巡回するプログラムで，定期的にインターネット上の情報をチェックしています。このプログラムを**クローラー**（またはロボット，スパイダーなど）と呼びます。クローラーが収集してきたテキストや画像等のデータからは，単語（キーワード）や画像が切り出されて，索引（イ

ンデックス）が生成されます。これが，検索ユーザーからのリクエストに応答するためのデータベースとなります。普段私たちが目にしている検索結果は，キーワードに対する，インデックスデータベースからの返信というわけです。

　このようにして検索の結果が出力されることから，SEOの実施原則は以下のようになると言われています（もう少し知りたい方は，次のコラムも参照してください）。

　　① 検索サイトのクローラーが情報を集めやすいようにする
　　② 良質なサイトからリンクされるようなコンテンツ作りをする
　　③ キーワードやタイトルをわかりやすくする

ICTにそれほど精通していない一般の企業では，技術的な対応が難しいという話もあり，SEO専門のコンサルティング会社があるほどです。だからといって，仕事を任せきりにするのは考えものです。マーケティングの意図に沿ったサイト作りやメッセージングができていなければ，SEOは意味がありません。SEOの原理を知ったうえで，どんな情報を，どこに記載し，どのようなリンク構造にすべきかは，企業の「中の人」が考えるよりほかに方法はありません。

SEOでは何をする？

　大手の検索事業者は，検索アルゴリズムを公開していません。それは，検索結果の公正性を担保しておかないと，ユーザーの信頼性が低下し広告媒体としての価値も下がってしまうからです。

　検索事業者は，検索結果を出力する詳細なしくみを容易に解析されないようにアルゴリズムを複雑化したり，頻繁にアルゴリズムを変更したりしています。アルゴリズムを解析して，少しでも有利な出力位置を確保するためのSEOを行おうとするサイト運営者との間では，イタチごっこの様相になっています。

　このようなエスカレートした状況のために，一般の企業が自力で高度なSEOを行うことは難しくなっている面もありますが，下記のようなことを参考にして自社サイトを制作することには，十分な意味があります。

　1．クローラーが情報を集めやすいようにする。
　　● サイトの新規登録や更新をこまめにする
　　● サイトやページ同士のリンクを構造的に作る
　　● 内容的に妥当性の高いリンクを増やす
　2．良質なサイトからのリンクを増やす。
　　● 質の良いサイトからのリンクが多ければ，人気のあるサイト，信頼されているサイトと判断されやすい
　3．キーワードやタイトルなどをわかりやすくする。
　　● URL，メタタグなどHTMLを最適化し，検索事業者が適切なインデクシング（索引化）をしやすいようにする
　　● 出現頻度の高い単語で，掲載情報の重要度を高める

84

3　デジタルメディアによるマーケティング統合

　ここまで，マーケティングに関わるさまざまな要素を1つずつ見てきました。実際のマーケティングは，個別の施策をバラバラに行うのではなく，いくつかを組み合わせながら，同期するように実施するのが一般的です。

　リアルとバーチャル空間の両方で顧客が交錯し，会って話をすることがない顧客とも，オンラインで24時間365日のビジネスチャンスを作り出せるのがデジタルマーケティングです。メディアによるコミュニケーション，営業，購買動線を組み合わせた統合的なマーケティングで，無駄や切れ目のない活動ができるはずです。ここですべての組み合わせを語ることはできませんが，上記を実現する例をこの節で示していきたいと思います。

（1）　オウンドメディアとアーンドメディアの融合

　企業がSNSに自社のアカウントを開設し，興味や関心の近いコミュニティユーザーとの接点を持つことが一般的になりました。SNSのアカウントがコミュニケーション拠点となる，オンラインならではのマーケティングです。

　このような動きが進む背景は，あふれかえる広告の中で，「工夫のない広告は埋没してしまう」，「いかにも売る気満々の広告は嫌がられる」という問題意識です。また，SNSによってはスマホECのために，企業に対してアプリケーション機能をプラットフォーム的に提供しているところもあります[20]。これを利用すれば，自社のオウンメディアですべての機能を作りこまなくてもいいというのは，企業のマーケティング担当にとっては魅力の1つです。

　SNSの記事（フィード）の中に自然な形で掲載される広告のことを，**ネイティブ広告**と言います。記事と広告が融合して見えるため，サイトの閲覧者にストレスを与えない，というのが名前の由来のようです。

　しかしそれでも広告は広告です。コンテンツと広告の境目に気づきにくいことで，「記事だと思って読んだら，広告だった」といって，閲覧者の反感を買ってしまうことがないとも限りません。

　当初SNSに期待されたのは，顧客の評判や口コミが自発的に伝播するアーン

ドメディアとしての役割で，企業はそこに純広告を出稿していました。しかし，自社アカウントを持ち投稿を企画するようになってからは，企業がSNSをオウンドメディア的に活用しているともいえます。これには広告一辺倒になることを避け，顧客との交流を通じてエンゲージメントを高める，統合的なマーケティングを機能させる意味があると言われています。

　ただし，SNSは時間が経つとタイムラインで投稿が流れて行ってしまいます。ですからSNSは，最新情報を提供するような短期的な発信には向いていますが，長く公開し続ける必要がある情報を置くことには向いていません。

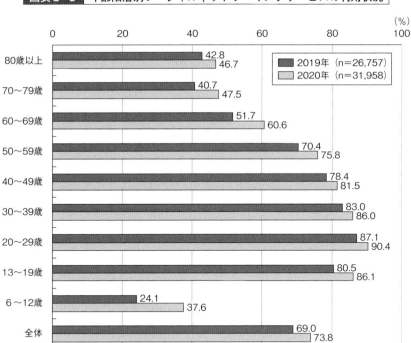

図表5-9　年齢階層別ソーシャルネットワーキングサービスの利用状況

出所：総務省「通信利用動向調査」
　　　https://www.soumu.go.jp/johotsusintokei/statistics/statistics05.html
　　　令和3年版 情報通信白書「図表4-2-1-8　年齢階層別ソーシャルネットワーキングサービスの利用状況」（元データから筆者作成）

　コンテンツマーケティングと呼ばれる手法は，WebサイトやSNS，動画共有サイトなどで，閲覧者にとって面白く，役に立つ話題の提供者として，企業みずからがコンテンツの発信者になることです。たとえば，老舗のハンドバッグの製造販売会社がカバン作りのこだわりを語る，革製品のメンテナンスのノウハウをさりげなく提供する，趣味性の強いファッションアイテムを扱う小売企業が，スタッフブログを定期的に掲載する，食材メーカーがレシピを紹介するといったことです。

　ここでは，「見たいものだけを見る消費者」を意識して，売り込み目的の記述はきわめて控え目です。あくまでも閲覧者の心理に寄り添う形で，「自分の生活に関係がある」，「読んでよかった」と，好意を持ってもらえるように惹きつけていくのが，コンテンツマーケティングです。

（2）　デジタルマーケティングと営業

　ホームページでの情報発信やブランド確立，メールマガジンなどのプッシュ型メディアによる購買意欲の喚起などの他に，オウンドメディアにはもう1つ重要な役割があります。それは，営業部門の顧客対応の機能の一部を分担することです。

　営業活動には，新規の見込み顧客（プロスペクト）の開拓と成約，購買履歴のある既存顧客への事後の対応という，2つの測面があります。

　特に法人営業は，成約までに時間がかかり，何度も商談を重ねることがしばしばで，要する人的な稼働も少なくありません。オウンドメディアには，2つの側面から営業活動のサポート機能を持たせることができます。

　1つ目は，オウンドメディア上での顧客のふるまいから，成約見込みが高い顧客の情報（リード情報）を生成し，営業担当に渡すことです。最終的な成約業務（クロージング）は人的な営業によるとしても，見込み顧客をサイトに集客し，事前の資料請求に応じたり，十分な説明情報を提供したりしておけば，営業負荷を軽減しつつ成約確率の向上も期待できます。

　2つ目には，既存顧客のアフターフォローと接点維持の役割を，デジタルメディア側でも受け持つことです。

　既存顧客との関係性維持のために，営業担当が顧客の元に出向いてアフター

フォローをしたり，クロスセル[21]やアップセル[22]のための営業的なコミュニケーションを図ったりすることを，**ルート営業**と言います。これらは，商談や関係性を維持していくために重要な活動です。しかし人的稼働だけに頼っていると，顧客が増えて契約パターンが複雑になってきたときに手が回らなくなり，タイミングよく有効なフォローがしきれなくなってきます。このようなことを見越して，顧客データベースと連動した会員サイトを提供することは，顧客との接触が薄くなる状況を回避することになります。

それ以外にも，メールマガジンなどで継続的な情報提供を行えば，顧客は放置されたような気持ちにはなりにくいでしょう。そういったことの積み重ねが再度の商談のきっかけや，停滞気味の商談の刺激策になるはずです。

このように，オウンドメディアには営業稼働の負荷軽減や，成約プロセスを効率のよいものにしていく機能があります。

ブランディングと営業とでは，想定するメディアの閲覧者やコミュニケーションの内容および，期待する効果が異なります。したがってサイトマップやワイヤーフレームで構造を整然と設計し，誰をどこへ誘導するかをちぐはぐにしないことが大事です。

誘導先においては，閲覧者が必要に応じてコンテンツを行き来できるリンク構造にしておくことが大切です。コンテンツの量が多くなってきた際には，サイト内検索機能をつけておくと，利便性の低下を防ぐことができます。

（3）　デジタル時代のクロスメディアマーケティング

デジタルをフルに活用した戦略は，「チャンスを逃さないメディア戦略」です。ただ現実の顧客の購買行動は，リアルとデジタルの両方で体験を重ねることを考えると，集客の構造はもう少し複雑です。第1章，第2章を通じて，個別のマーケティング要素やコミュニケーションメディアの特徴を学んできました。しかし現代のマーケッターは，単品の知識だけでなく，全体の集客効率や顧客接点の最適化を統合的に考える必要がありそうです。特徴が異なる複数のメディアに役割分担をさせ，これらを統合的に活用することで高いマーケティング成果を上げることを，**クロスメディアマーケティング**と言います。

図表5-10に，クロスメディアマーケティングの設計例を示しました。基本

は，各メディアの特徴を顧客のファネルと対応させ，全体として一貫性と連動性を高めることです。

　まず，ペイドメディアによって未認知層からある程度の興味関心を持っている層まで，広くリーチします。そこから次に自社の言葉で深く語り，ブランドの世界観なども十分に表現できるオウンドメディアへと，リンクで誘導します。

　図表5-10では，未認知層へのリーチをバナー広告で，関心層へのリーチをキーワード連動型のリスティング広告で，という役割分担をさせています。認知獲得の段階では，あまりオンラインメディアを見ない層の初期認知も獲得するために，テレビや紙媒体の広告などのオフラインメディアも活用するとよいでしょう。

　ところで，検索サイトや広告からオウンドメディアへリンクする飛び先のページは，必ずしもホームページの表紙ページ（トップページ）でなくても構いません。テニスに興味がありそうならテニス関連のページへ誘導し，ゴルフに興味がありそうならゴルフ用品の販売ページへ誘導するなど，閲覧者が次に期待するアクションを起こしてくれそうなページに誘導しましょう。このとき

図表5-10　統合的なメディアマーケティングの設計例

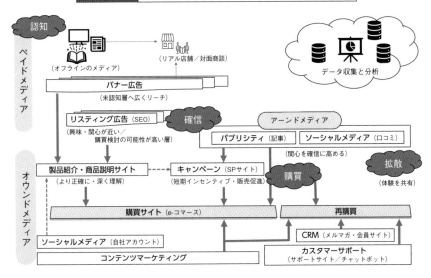

閲覧者が最初に着地するページのことを，**ランディングページ**（着地するページという意味）と呼びます。

　オウンドメディアは，商品の仕様や価格などをより深く理解してもらったり，キャンペーンによって購買検討段階の層の決心を後押ししたりする構造にします。もちろんキャンペーンを経由しないで直接購買サイトに飛ぶことも，リアル店舗や企業の営業担当者との対面商談に進むこともあるでしょう。そのようなケースを想定して，リアルの側では**ロジスティクス**[23]や営業体制を備えておかなければなりません。

　パブリシティ記事やSNSなどのアーンドメディアにおける第三者の好意的な論調は，顧客の意識を「自分にはその商品が必要である」，「間違いない」といった確信に変える効果があります。企業は記事や論調をコントロールできませんが，良質な商品やCRM，日ごろの広報努力などは，こういったところで評価されるはずです。

　自社アカウントのSNSやコンテンツマーケティングによる側面支援は，ECや自社サイトへの動線は置くとしても，一般的には宣伝文句は控えめにして，顧客との心理的な関係を維持していくほうが受け入れられやすいと言われます。中立や外部者を装いつつ，実は社員による意図的な投稿だったというような行為は，悪質な**ステルスマーケティング**と言われて忌避され，評判を下げることになります。

　購買後の既存顧客には，メールマガジンや会員サイト，問い合わせ機能やコールセンターなど，カスタマーサポートとの連携が何重にも必要です。このような機能は顧客のエンゲージメントを高め，再購買を促す役割を果たします。ここでもSNSの自社アカウントやコンテンツマーケティングによって，顧客の感情に寄り添うことができるはずです。

　図表のような形に一気に整えることは予算や技術面で難しい面があるかもしれません。しかし少なくともメディアの用い方が散発的になることは，予算を無駄に使うことになります。また，リンクや経路が途切れて顧客が迷子になったり，CXが分断されたりすることがないように，複数のリンクでつなぎ，どこから来ても次へ行けるように，出入り口を多重化しておきましょう。メディアマーケティングは，流れを俯瞰しながら設計と運用をすることが大切です。

> **まとめ**

- Webの表現技術や情報流通技術の進化に伴い，メディアも営業も形態が多様化しています。デジタルとリアルを組み合わせた顧客タッチポイントや，コミュニケーションを戦略的に構築しましょう。
- デジタルメディアの融合が進むと，業務の垣根はますます低くなります。オンラインやデジタルの特徴を活かし，マーケティングの成果を向上させるためには，営業部門や技術開発部門などの関係部門と連携しながら施策を実行することが重要です。
- マーケティング部門は，必ずしも情報通信技術の専門家集団ではありません。技術的なしくみを完全に理解することは難しいかもしれませんが，今後も新しい技法が登場してくると考えられます。「技術をどう活かせば，どんなマーケティングが可能か」を統合的に考える能力が，ますます求められます。

第6章
データアナリティクスと
デジタルマーケティング

1 データ主導型のマーケティング

デジタルデータは蓄積や加工がしやすく，客観データに基づくマーケティングと非常に相性がよいものです。この親和性の高さをマーケティングの高度化に活用しない手はありません。

ここでは客観データに基づくマーケティングを，さまざまな角度から見ていきましょう。

（1） 顧客のふるまいを把握し予測せよ

まず把握しておきたいのは，サイト訪問者が閲覧時に残していく行動軌跡です。訪問者のふるまいからサイトの作りの評価をし，今後訪れる閲覧者の行動を予測してアプローチに生かすことが第一の目的です。また，閲覧履歴の分析は，閲覧者すなわち顧客が途中で脱落しにくくパフォーマンスのよいサイト作りにも資することができます。

たとえばGoogleアナリティクスを用いた場合，無料版と有料版で扱えるデータの量や機能の違いはありますが，大ぐくりにいうと

- どのようなブラウザーを使っているユーザーが，
- どの経路（広告，検索，SNSなど）から来て，
- どのページを閲覧したのか（PV数）
- アクセス数のうち，初めてのサイト訪問はどのくらいか
- どのくらいの時間をかけて閲覧されているか（平均セッション時間）
- 最初の1ページだけ見て離脱された率はどのくらいか（直帰率）

といったことがわかります。

このような数値の把握は，結果を事後的に知る**記述統計**[24]として意味があるだけではありません。データと経験を蓄積していけば，それを元に，効果の高いマーケティングモデルを作る，予測のレビューを行ってモデルを高度化するといった，一歩踏み込んだデータ主導型のマーケティングが可能になります。「勘とド根性だけで押し通すマーケティングの時代は終わり」とでも申しましょうか。

そこまでやる（できる）企業は，おそらく次項に述べるようなデータベース・マーケティングやツールの整備，人的リソースの投入など，それなりのICT投資もすることでしょう。その場合は，広告費以外にも投入したマーケティングコストについても，費用対効果の評価を行う必要があります。

こう書いてしまうと，ものすごく巨大なデータ群と，AIのような高度な解析装置がいるのではないかと思われそうです。しかしたいがいは，むしろ十分に業務知識のある人が，日ごろの業務の中で感じる疑問の中から仮説を立て，丁寧に集めた質の良いデータで，施策の結果を検証していくことのほうが大事です。まずはたとえば，冒頭にあげたような変数の中から2つを選んで**クロス集計**をやってみる，少し統計が得意なら3つ以上の変数を用いて……というように，少しずつチャレンジしていけばよいと思います。いきなりAIだのIoTだのと言い出さなくても，問題意識と考え方のプロセスがしっかりしていれば，実務的にはそれで比較的十分な説明力もあり，「（自称）スゴい統計」との精度差も案外小さいものだ，ということも付言しておきたいと思います。

3つ以上の変数で予測や，グループの判別をするときに使う統計手法を，**多変量解析**といいます。多変量解析にもいろいろな種類がありますが，前述のアクセスデータや，売上関連のデータなどが数字できちんと取れていれば，さまざまな課題についての判別や推計を，客観的に行うことができます。たとえば，

「自社の顧客は，いくつのセグメントに分類できるか」（優良顧客グループの判別）

「ライバル商品との比較に悩む顧客には，何のキャンペーンを提供すると成約しやすいか」（競合対策の策定）

「どのような広告が成果に寄与するか」（プロモーション効果の予測）

「どの程度の値下げが，売上高を最大化するか」（売上予測）

「どういうキャンペーンは誰に案内すると反応が大きいか」（施策のターゲット選定）

など，統計解析はさまざまな施策の策定や実施判断に役立ちます。

（2）　データベース・マーケティング

企業がゴーイングコンサーンであるためには，売上や利益を増やし，成長していく必要があります。それには，現在を正確に知り，（少し先の）未来を精度高く予測し，必要な施策を講じて対処をする必要があります。

マーケティングには，**顧客生涯価値**（CLV：Customer Lifetime Value）という概念があります。CLVは，顧客の生涯にわたる購買活動に期待できる，利益の総計を現在価値に直したものです[25]。

たとえば，売上高利益率が30%のランチを，週一回食べに来てくれる常連客が，20年通い続けてくれるとしたら，その顧客のCLVは，

800円／週×50週／年×20年×0.3（売上高利益率）＝24万円[26]

というような計算をします。

この考え方に立てば，「1度だけ来て高い2万円のフルコース料理を食べる顧客よりも，それほど高くない料理であっても，何度も食べに来てくれる顧客を維持するほうが重要だ」ということになります。マーケティングにはCLVを上げていくための長期的視点が必要になります。顧客の維持率（リピーター確保，乗り換え・離脱防止）を高めれば，CLVを高めることができるでしょう。このために，収集したデータをマーケティングに整然と活用していこうとするのが，**データベース・マーケティング**です。

データベースとは，後から検索したり集計したり編集したり，誰かと共有したりすることで，さまざまな目的で利用ができるように，一定の決まった形式で蓄積されたデータの集まりのことです。

マーケティングに必要なデータといえば，さしずめ2種類のものがあります。1つ目は，いつ・どこで・何が売れたという商品別の売上に関する明細データ，2つ目は誰が・どのような属性の顧客が買った（買わなかった）のかという，「人」に紐づく売上明細データです。

　前者は，「売れるものと売れないものを識別し，傾向から売れそうなもの（売れ筋）を予測して備え，売れないもの（死に筋）を取り除く」ためのデータです。オンラインのマーケティングであれ，リアル店舗での営業であれ，このマーチャンダイジング[27]の基本は同じです。要は，私たちはデータベース化によって，それをどれだけ早く，精度高く行うことができるかに挑戦しているのです。

　後者は，「誰に，どのような働きかけをすればよいのか」を明らかにするためのデータです。誰が，何を，何個買ったのか？　それはいつのことか？　購入頻度は？　それがいくらの収益か？　といったファクトをデータベース化します。要するにデータベース・マーケティングとは，ここからわかることを根拠にあらゆる施策を組み立てていこうという試みです。

（3）　RFM分析によるデータベース・マーケティング

　顧客の購買行動を，最終購買日，購買頻度，購買金額の観点から分析する手法をRFM（Recency, Frequency, Monetary）分析といいます。RFM分析ができれば，誰が優良顧客で，誰にどんな働きかけをすれば，購買行動を活性化できるかがわかるようになります。

　顧客の購買行動を活性化してマーケティングの成果を上げるには，再訪を促す，訪問頻度を上げてもらう，購買単価を上げてもらうなど，いくつかのアプローチが考えられます。図表6-1に示すような，R（直近の来訪）とF（購買頻度）の組み合わせで，それぞれのゾーンの顧客に対して，取るべき対応施策の方向性がわかります。

　施策の実施のためには少なくとも，顧客がいつ・何を買ったかという履歴が，マーケッターの手元になければなりません。だからこそ，必要な時に必要なデータがすぐに取り出せる，データベースの構築と運用が必要だということになるのです。デジタルメディアは，常に新鮮な情報を必要とするデータベース・マーケティングと，大変相性がよいものです。

　企業が，ポイントや特典など多少のコストを支払ってでも，顧客に登録IDを発行したり，LINEなどのアプリでお友達登録をしてくださいと申し出たりする大きな理由は，データベース・マーケティングが有効だからです。

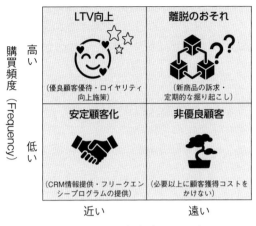

図表6-1　RFM分析による施策の方向性

LTV向上
（優良顧客優待・ロイヤリティ向上施策）

離脱のおそれ
（新商品の訴求・定期的な掘り起こし）

安定顧客化
（CRM情報提供・フリークエンシープログラムの提供）

非優良顧客
（必要以上に顧客獲得コストをかけない）

購買頻度（Frequency）　高い／低い

直近の来訪（Recency）　近い／遠い

　会員登録をしてもらって，顧客会員の購買履歴や購買時期，興味やデモグラフィックス，メールアドレスなどの連絡先など，詳細な情報をデータベースに蓄積できれば，キャンペーンや喜ばれる情報を，顧客に合ったメディアに載せて個別に提供できるようになります。

　具体的には，購買履歴が遠のいている人には興味を再喚起するような最新情報をメールやメッセンジャーで送る，直近の来訪者にはその時に買った商品を軸に，クロスセルやアップセルにつながるような商品情報を提供し，安定顧客化やCLVの向上を図る，満足度の意見聴収をする，といったような方策です。

　たとえばAmazonで購買パターンが変化すると，レコメンデーション表示も変わる話は有名ですが，私がよく利用するある旅客運輸会社はおそらく，私の利用履歴やWebでのふるまいを分析したうえでプロモーションメールを送っていると思われます。なぜそれがわかるかというと，私の行動パターンが変化すると，送られてくるキャンペーンの内容が変わるからです（笑）。

　データベース・マーケティングで扱われるデータは，個人情報やセンシティブ情報にあたるものが少なくありません。顧客の中にはデータを取得されることや，企業からのアプローチを嫌う人もいます。実施にあたっては，事前に顧

客から明示的な許諾を得ることはもとより，オプトアウト要請には都度必ず応じなければなりません。情報漏洩や顧客の意に染まない不適切な取り扱いにより，レピュテーションの毀損や法令罰則や賠償問題に発展することのないよう，セキュリティ保護や取り扱いには規則を設け，十分な対応をすることが必須の責任です。

2　マーケティング施策は目標達成のための投資である

　さまざまなコストをかけて行うマーケティング活動は，企業にとっては投資です。施策コストはまとまった金額になることが多いため，マーケティングは派手な仕事だとも思われがちです。派手かどうかはさておき，それだけ責任は重いということですから，当然，「投資の成果は把握されなければならない」ということになります。

　広告に限らず，どのような施策で何を達成するのか，そして達成したかどうかは客観データで把握し，フィードバックを経てマーケティングを高度化していくべきです。**データアナリティクス**とは，社内外から取得できるデータを分析して，ビジネスの向上のための示唆を得ることです。デジタルマーケティングにおける，基本的なデータアナリティクスについて見ていきましょう。

（1）　効果の測定

　広告やホームページなどは，クリエイティブが完成して公開してしまうと，それでホッとして気が抜けてしまうことがあります。しかし，それでは半分しか仕事をしたことになりません。イベントや展示会なども，本当は終了してからのアクションが大事です。実施した施策は効果を測定し，分析や解釈を行い，フィードバックされた知見を，次のマーケティングに活かさなければ意味がありません。

　マーケティング担当は，「投資」がどのくらい効果を発揮したかについて，**アカウンタビリティ**（説明責任）を果たす責務があります。少なくとも，諸々の施策の結果や，４Pのマーケティング・ミックスはうまく機能しているかという観点での報告と評価が必要です。これを怠ると，特にプロモーション予算

は，無条件カットの対象にされることも少なくありません。しかしたとえば，よく考えずに予算を削った結果，接触効果を失うと，むしろ少額であっても資金をムダに捨てることになるという話は，コミュニケーション設計の項で述べたとおりです。

　顧客は何を必要としているのか，そのニーズに応えるために何にどのぐらい経営資源を投下して成果を上げるのか，マーケティングは経営の根幹に関わる活動です。そして活動を通して得られた情報を，経営の意思決定のために提供するしくみでもあるのです。

　たとえば紙媒体や電波媒体の広告は，その広告を見た人が直後にどういう行動をとったかは，すぐにはほとんどわかりません。また，アンケート調査をしたとしても，顧客の記憶や行動が正確に把握できるとも限りません。

　一方でデジタルメディアは，あらかじめ記録するしくみを作り込んでおけば，どの経路からアクセスしてきた，どのページを見た，どこをクリックした，その結果買ったのか買わなかったのか，といったことなどが統計的に把握できます。費用対効果が明瞭であるということから，「“猫が見ても視聴率[28]”と皮肉られた時代から，広告効果が赤裸々な時代になった」，という人もいるほどです。

　前項で，マーケッターは必ずしも「スゴい統計」ができねばならないとは申しません，というようなことを多少書きました。しかしやはり，これからのデジタルマーケティングは，マーケティング・キャンペーン・マネジメント（図表6-2）の視点から，ますますデータ主導型になっていくものと思われます。

　「データを読みこんで課題を掘り下げる」，「統計的な見地に基づく仮説を立て施策を行う」，「測定可能なデータによって結果を検証する」，「さらに制度の高いマーケティングを行う」ということが，マーケッターにとって必須の資質となり，絶え間のない営みになると言えます。

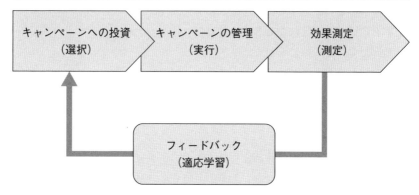

図表6-2　マーケティング・キャンペーン・マネジメント（MCM）のループ

キャンペーンへの投資
（選択）

キャンペーンの管理
（実行）

効果測定
（測定）

フィードバック
（適応学習）

出所：Data-Driven Marketing, Jeffery. M.（2010）

（2）　リサーチのプロセス

　第2章の復習ですが，マーケティングの主な目的は以下のようなものです。
- 認知向上
- 需要喚起
- ブランディング
- CRM（顧客との関係性のマネジメント）
- 市場や社会におけるレピュテーションの向上

　マーケティング施策をどの目的のためにやるのかが明確でなければ，リサーチどころではありませんが，どのような指標で評価をするか，どのような方法で，どのようなデータを収集するか，施策を計画する段階でリサーチ計画も立てておきましょう。後から「あんなデータを取っておけばよかった」，「施策の振り返りをしたくても，客観的な評価材料がない」と後悔しても，遅いのです。施策はやりっぱなし，予算に対するアカウンタビリティも発揮できない，次に何をすべきかの示唆もないというのでは，業績が上がるわけがありません。

　効果の測定項目には，企業やブランドまたは商品の認知度や好感度の変化，商品の購入や問い合わせ，来訪や購買の頻度，満足度などがあげられます。施策実施者が事前に認識した課題が，マーケティング施策によってどれだけ解決

したかを指標化して把握することが重要です。

　どのような調査も，目的を明確にして計画を策定し実施するということは，「デジタル以前」から大きく変わるものではありません。しかし，デジタルマーケティングでは，伝統的なメディアを利用したマーケティングとは，指標として用いる道具立てが少々異なります。次の項では，主にオンライン広告をめぐる成果指標に絞って見ていきます。

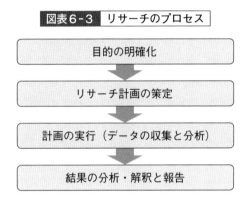

図表6-3　リサーチのプロセス

目的の明確化

↓

リサーチ計画の策定

↓

計画の実行（データの収集と分析）

↓

結果の分析・解釈と報告

（3）　デジタルマーケティングの成果指標

　オンライン広告が登場した当初，成果指標はサイトの閲覧数を表すページビュー（PV）や，広告の表示回数（Imp：インプレッション）ぐらいしかありませんでした。広告表示1,000回当たりのインプレッション単価を，CPM（Cost per Mill）といいます。しかし現在は，広告は表示するだけでなく，クリックされ成約してこそ価値があると考える傾向になり，あまり用いられなくなっています。

　現在，本格的なログ解析をしようと思えば，かなり専門的なデータも取れるようになりました。しかしそれは，統計の専門知識やITシステムへの投資も必要な話で，アナリティクスを本業としない人にはいささかハードルがあるのかもしれません。ただいきなりそこまでしなくても，最近はGoogleアナリティクスをはじめ，簡易なアクセス解析ツールがあります。広告を出しっぱなし，サイトやSNSアカウントを作りっぱなしで何もしないよりは，まずはそれを使

うということでよいと思います。最低限把握しておくべきは,

1．広告クリック率（**CTR**：Click Through Rate）

2．広告クリック単価（**CPC**：Cost per Click）

3．トランザクションコンバージョン率（**TCR**：Transaction Conversion Rate）

4．広告の費用対効果（**ROA**[29]または**ROAS**：Return on Ad Spent）

です。

　1番目の広告クリック率は，表示された広告が何回クリックされたかの割合で，広告出稿によって需要が喚起されたかどうかが確認できる指標です。2番目のクリック単価（CPC）は，1回のクリックを得るために企業がどれだけ広告費を投下したかという結果の数値です。CPCは，顧客の興味の喚起に広告費がどの程度効率よく働いたかをコスト面から評価する指標です。

　3番目のトランザクションコンバージョン率は，TCRと略されます。長いのでトランザクション率とかコンバージョン率と呼ぶ人もいますが，要はユーザーが広告をクリックして遷移した先のサイトで，商品を購入した割合を示します。

　顧客が広告に興味を示してクリックした後に，もし結果として成約に結びつかなかったら，商品の仕様や価格，デリバリーの方法など，広告クリエイティブ以外の4P要素のどこに問題があるかを考える必要があります。

　4番目の広告費用対効果は，日本ではROASと呼ばれます[30]。ROASは売上額÷広告費で算出され，「結局，その広告は売上にどれだけ貢献したのか？」ということを総括する指標です。つまり，広告という投資の投資効率を意味し，ROASが高いほど広告効果が高かったということです。

直帰率と離脱率

　　サイトの閲覧者の訪問経路や離脱先，サイトの滞在時間などはGoogleアナリティクスを用いて，ある程度詳しくデータを取ることができます。閲覧者が，自社のサイトから他へ移ってしまっ

たり，ブラウザーを閉じてしまったりすることを**離脱**といいます。離脱の中でも深刻なのは，**直帰率**（BR：Bounce Rate）です。直帰率はランディングページから他のページを一切見ずに，短時間でサイトを離脱してしまった閲覧者の割合[31]です。永遠に同じページを見続ける人はいませんから，いずれセッション離脱は起こります。しかし，滞在時間の長さ，どのページからの離脱が多いか，といったことは把握する必要があります。

　サイト訪問者は常に広告から来るとは限りません。したがって，直帰率は純粋に広告効果だとは言い切れませんし，離脱の理由もいろいろ考えられます（急に友達が訪ねてきたとか，飼い猫が逃げ出したとか！）。しかし，どのページからどのサイトへの離脱が多いか，セッション回数（ある顧客が一定の期間内にサイトを訪れた回数）など，他のデータと照らし合わせれば，「競合と価格を比較されている」，「説明がわかりにくいのではないか？」等の考察ができます。直帰率や離脱が高い場合は理由を分析し，戦略的に対処する必要があります。

図表6-4　効果測定指標の関係性

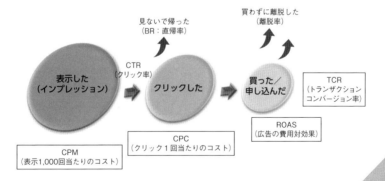

（4） クリックと成約の関係を考える

　前項で「データを見て，戦略的に対処せよ」と書きました。実際の企業の個々の戦略は，マーケティング以外の要因も考慮する必要があります。したがって，一概には言えないところもありますが，戦略的に考えるとはどういうことかを，例題的にちょっとやってみましょう。

　クリック率（CR）とトランザクションコンバージョン率（TCR）は，どの企業でも気になる重要な指標です。クリックされたということは関心を持ってもらえたということであり，その関心は購買に結びついたのか？　施策の担当者として，成果が気にならないはずがありません。ここでは，広告のCRと誘導先におけるTCRを題材に，戦略の方向性を考えてみたいと思います。

　CRとTCRの高低には，下記の4パターンの組み合わせがあります。

　　a．　CRとTCRの両方が高い
　　b．　CRは高いがTCRが低い
　　c．　CRは低いがTCRは高い
　　d．　CRとTCRの両方が低い

　高い／低いに絶対的な基準があるわけではありませんが，少なくとも目標値や前回施策との比較は可能です。そして，この4つのパターンが示す状況ごとに，対策の示唆が得られます。

　CRとTCRの両方が高いのは，「広告による興味喚起ができて，広告の遷移先で成約できた」ということなので，施策の効果は好調で現状は問題なしということになるでしょう。問題含みなのは残りの3パターンです。

　bの「CRは高いがTCRが低い」は，「興味の喚起はできたが，購買に結びついていない」ことを意味します。それは，「商品に一時は魅かれたが，詳しい説明を読んでいらないと思った」または，「商品に興味はあるが，サイトの説明が悪くて決心がつかない」という状況の可能性が高いと考えられます。CRとTCRの数値だけでは，どちらが原因かは判断できませんが，商品の魅力を向上させるか，クリックして飛んだ先のコンテンツを見直す必要がありそうです。ここで言う商品の魅力とは，商品の仕様だけでなく価格，品揃えの入手方法など，顧客が購買意思を固めるときに検討する，広い範囲の要素を含みます。

cの「CRは低いがTCRが高い」というのは，ちょっと不思議な感じもしますが，おそらくは商品自体の魅力はそれなりにあるのだと考えられます。ただし，広告をクリックする気にならないというのは，広告の集客力が低いことを意味しますので，広告のクリエイティブを見直す必要がありそうです。併せて，広告の出稿先や配信パターンが妥当かどうかもチェックしましょう。

dの「CRもTCRも低い」のは，施策効果が全く上がっていないということです。マーケティングの4Pの要素全体にわたり，見直しをしなければいけません。

ここでは単純化した事例で戦略の方向性を考察しました。実際にはもっと多くの情報を集めて，複数の角度から検討を加えて客観的な判断をしていくべきです。しかし，少なくともデータを単品で集めて眺めてオシマイにせず，この例題のように複数の指標を組み合わせ，パターンに分けながらしかるべき方策を検討するといったことから始めて，徐々に高度なデータアナリティクスに挑戦していきましょう。

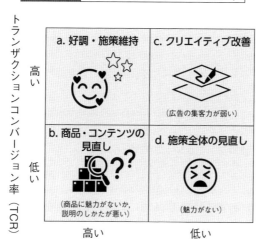

図表6-5　クリック率とコンバージョン率

まとめ

- ビジネスに関する課題意識とリサーチの骨格がしっかりできていれば，データアナリティクスは顧客開拓，効果的なプロモーション，施策の改善，良好な関係性の維持など，さまざまな局面でマーケティング活動を強力に後押ししてくれます。
- どのようなマーケティング施策も，一番よくないのは「やりっぱなし」にすることです。施策は，一時の勢いや思いつきでやるものではありません。仮説に基づいて最も成功すると思われる施策を設計し，実行し，あらかじめ設定した指標で客観的に成果把握を行い，得られた気づきを次の施策に展開するというマネジメントサイクルを継続的に回転させましょう。
- 数値解析になじみやすいデジタルマーケティングは，ファクトやデータ解析による，エビデンスドベースの方向に進化していくと考えられます。数値や指標で営みを可視化することでビジネスを成功させていくところに，本質的な取り組み価値があります。

[第Ⅱ部の注]

1 　Ross, J. W., et al.（2016）
2 　企業が将来にわたって健全に持続していくことや，その前提をゴーイングコンサーンと言います。
3 　正式名称は，不当景品類及び不当表示防止法（昭和37年法律第134号）。景表法では，表示に関する規制の他に，キャンペーン等において，過大な景品を提供することを制限することにより，消費者がより良い商品やサービスを自主的かつ合理的に選べる環境を守ることを規定しています。
4 　評判や評価，信用などを意味する英語reputation。
5 　単純接触効果（mere exposure effect）。ザイオンス効果とも呼ばれます。
6 　英語で乗り物という意味のvehicleからきています。
7 　交通量という元の意味から，技術的にはネットワークを流れるデータ量のことを意味しますが，転じてインターネットユーザーや顧客が，サイトにアクセスする流れを指すようにもなりました。
8 　代表例に，株式会社博報堂，株式会社旭通信社（現株式会社アサツーディ・ケイ），第一企画株式会社（同），株式会社デジタルガレージ，株式会社読売広告社，株式

会社アイアンドエス（現株式会社I&S BBDO），株式会社徳間書店の共同出資により設立されたデジタル・アドバタイジング・コンソーシアム株式会社があります。

9　NTTナビスペース株式会社。2012年8月にグループ内のデジタルマーケティング関連企業の統合に伴い，NTTコム オンライン・マーケティング・ソリューション株式会社となっています。

10　屋外広告，交通広告，折り込み広告，ダイレクトメール，フリーペーパー・フリーマガジン，POP，電話帳，展示・映像などの広告費の合計。

11　博報堂DYメディアパートナーズ メディア環境研究所「メディア定点調査2021」

12　たとえば非デジタル媒体でも，一般的な新聞や雑誌広告はペイドメディアですし，企業が発行する顧客向けの情報誌などはオウンドメディアだということができるでしょう。有識者が執筆する商品評価の記事を見て消費者が購買意思決定をしたり，口コミで評判が伝播したりするということもありました。決定的なのは，こういった情報が伝わる範囲と時間が，デジタルでは非デジタルとは比べ物にならないほど速い，それぞれが連続して作用する度合いが非デジタルに比して圧倒的に強いということです。

13　GIF（Graphics Interchange Format）は，画像データを圧縮して記録するファイル形式の1つです。

14　顧客獲得単価（CPA：Cost per Acquisition またはAction）。

15　バナーは英語でbanner，旗や横断幕のことです。転じて長方形や正方形などのスペースを取る広告を，バナー広告と呼んでいます。

16　ある物ごとについてロジカルな整理を行うには本来，物ごとを「相互に重複せず，全体で漏れがない状態」で分類することが理想です。MECE（ミーシー）は，英語のMutually Exclusive and Collectively Exhaustiveの頭文字です。

17　ディスプレイ（display）には，「陳列する」，「広げて見せる」という意味があります。

18　Investor Relationsの頭文字で，株主や投資家向けに情報提供をする活動のことです。

19　正式名は「特定電子メールの送信の適正化等に関する法律」。特定電子メール法や迷惑メール防止法などと呼ばれることもあり，違反者に対する罰則規定つきの法律です。

20　LINEのミニアプリのイメージ。

21　顧客に，関連する商品を組み合わせ提案したり併売したりすること。

22　顧客に，ワンランク上の商品やサービスにグレードアップしてもらうための営業

活動のこと。

23　商品が顧客の手元に届くまでの物流や管理工程のこと。

24　合計，平均，分布などデータを整理して特徴を捉えるタイプの統計を記述統計といいます。一方で確率論をベースに，ある母集団の性質を推測したり予測をしたりするタイプの統計を，推測統計といいます。

25　Life Time Valueの頭文字を取ってLTVと略すこともありますが，ここではコトラー＆ケラー（2008）に準じてCLVとしました。

26　説明上ここで単純な計算をしていますが，厳密には物価上昇率や利子率の影響があります。したがって，計算上は同額でも現在の価値と将来の価値は異なることに注意が必要です。

27　商品政策，商品化計画などと訳され，適切な品揃えを行うための活動を指します。

28　テレビの視聴率調査も，しっかり視聴されたかどうかを，人の顔の向きなどから機器で測定する技術があります。しかし今のところは，すべてのテレビにこの機能があるわけではありません。

29　指標には，ほぼ同様の概念で略称や定義が微妙に異なるものがたくさんありますが，ここでは主にJeffery（2010）に依拠しています。指標や言葉を暗記するというよりは，数字によって捉えようとしている本質を理解し，必要な指標を設定してください。

30　会計学用語のROA（総資産利益率）と区別をするためと言われます。成約に対する広告効果の指標として，出稿金額を成約数で割ったCPO（Cost per Order）もよく使われます。

31　Jeffery（2010）では「5秒程度でサイトから離脱してしまうユーザーの率」としています。

デジタル時代の
マーケティングミックス

第7章

チャネル戦略
―ECサイト

　本章では，4Pの1つであるPlace（流通チャネル）について説明を行います。いい商品を作って，いくらいい広告を出したとしても，最終的に商品を買ったり，サービスを契約してもらえないと，自社の売上にはつながりません。その意味で，オンラインプラットフォームの1つであるEC（Electric Commerce）サイト，つまりインターネット上の仮想的な店舗は，ファネル上，重要なゴールとなります。

1　ECサイトとは？

（1）　ECサイトの市場はどれぐらいの大きさ

　すでに多くの方がインターネットを通じて，商品を購入していると思います。国内では，2020年で対消費者向け（B to C）で約19兆円の市場規模があります[1]。また，毎年10%程度市場規模が大きくなっています。

　通常，ECサイトで取引されるものは，店舗で購入するような商品をイメージされる方が多いと思いますが，ECサイトで販売されているのは，**図表7-1**に示すようにさまざまなサービスも含まれます。

図表7-1　ECで取引される商品・サービス

分類	主な取引
物販	家電，衣類，雑貨，食品，書籍等
サービス	旅行，飲食予約，金融等
デジタルコンテンツ	動画，音楽，オンラインゲーム等

それぞれの分類で，市場規模も異なります。**図表7-2**は経済産業省が行った対消費者向けECサイトの市場規模調査になります。

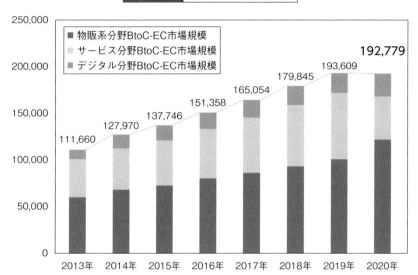

図表7-2 ECサイトの市場規模

出所：経済産業省「電子商取引実態調査」https://www.meti.go.jp/policy/it_policy/statistics/outlook/210730_new_hokokusho.pdf（2022年12月アクセス）

（2）　ECサイトで販売される商品はどんなもの？

ECサイトが国内に誕生したのは2000年前後からとなります。皆さんも知っている，Amazonや楽天のようなサイトもこの時期に生まれました。最初は，書籍や音楽ソフトなどが中心でしたが，家電や衣料にも市場が広がっています。

図表7-3は消費者向け物販系ECサイトにおける商品分類別の市場規模と**EC化率**（全販売額のうちECで販売される割合）を示したものです。ここで注目いただきたいのは，市場の大きさだけでなく，EC化率になります。EC化率が高いということは，ECで売りやすい商品ということになります。たとえば，EC化率の高いものは，「書籍，映像・音楽ソフト」42.97％，「生活家電，AV機器，PC・周辺機器等」37.45％となります。これらの商品の特徴は，商品は

分類	2019年 市場規模(億円) ※下段：前年比	2019年 EC化率	2020年 市場規模(億円) ※下段：前年比	2020年 EC化率
① 食品，飲料，酒類	18,233 (7.77%)	2.89%	22,086 (21.13%)	3.31%
② 生活家電，AV機器，PC・周辺機器等	18,239 (10.76%)	32.75%	23,489 (28.79%)	37.45%
③ 書籍，映像・音楽ソフト	13,015 (7.83%)	34.18%	16,238 (24.77%)	42.97%
④ 化粧品，医薬品	6,611 (7.75%)	6.00%	7,787 (17.79%)	6.72%
⑤ 生活雑貨，家具，インテリア	17,428 (8.36%)	23.32%	21,322 (22.35%)	26.03%
⑥ 衣類・服飾雑貨等	19,100 (7.74%)	13.87%	22,203 (16.25%)	19.44%
⑦ 自動車，自動二輪車，パーツ等	2,396 (2.04%)	2.88%	2,784 (16.17%)	3.23%
⑧ その他	5,492 (4.79%)	1.54%	6,423 (16.95%)	1.85%
合計	100,515 (8.09%)	6.76%	122,333 (21.71%)	8.08%

図表7-3 物販系ECサイトの商品分類別市場規模

出所：経済産業省「電子商取引実態調査」
https://www.meti.go.jp/policy/it_policy/statistics/outlook/210730_new_hokokusho.pdf（2022年12月アクセス）

どこで買っても機能や品質に差がなく，機能の違いがインターネット等を通じて事前に確認できる商品であることです。また，大型家電のように，購入しても持ち帰ることのできない商品であれば，配送のことを考えるとわざわざ店舗に出向くよりもECサイトのほうが便利な場合もあります。

このような商品は，同じ商品であるならECサイトごとの価格も確認できるため，求める商品を安く購入するならECサイトのほうが有利となります。

インターネットで販売される商品の特徴（その1）
- どこで買っても商品の機能や品質が変わらない
- 購入前に仕様や価格を確認できる

　続いてEC化率の高い商品として，「生活雑貨，家具，インテリア」26.03％，「衣類・服装雑貨等」19.44％となります。これらの商品は，商品自体の質感を確認したり，自分の体形と合わせたりする必要があります。そのため，以前は店舗での購入が圧倒的に有利と言われていました。それが，大量かつ質の高い写真をECサイトに掲載したり返品の手続きをわかりやすく通知したりすることで，ECサイトで購入することの楽しさが増すだけでなく，商品購入に対する抵抗感が少なくなり，徐々にECサイトの市場が拡大してきました。

　また，雑貨や衣類のような商品は店舗が出店する地域が限定され，そもそも店舗に行くことができないケースもあります。首都圏中心に販売され，地方においては店舗がないブランドも多数あり，特にこのような流通網の制約がある場合もECサイトがあると便利です。

インターネットで販売される商品の特徴（その2）
- ECサイトで商品を探したり選んだりするのが楽しめる
- 返品等，購買に対する抵抗感を下げられる
- 流通網の制約がある

　衣料品のように，写真等，ECサイトの工夫で市場が伸びた例もありますが，食品，化粧品等はまだまだEC化率は高くありません。これは配送に要する時間だけでなく，こだわりのある商品は，やはり自分で確認してから購入したいという心理に基づくのでしょう。また医薬品のように，薬剤師を介する必要がある商品もあります。ただし，これらの商品購入に対する抵抗や制約を少なくする工夫を生み出すことができるなら，EC化率は向上していくかもしれません。ビジネス上のイノベーションによる発展が残された領域です。

　以上のように，商品特性によってECサイトの向き／不向きがありますが，昨今はクーポンの発行やポイントによって，ECサイトで購入したほうがお得

感のある場合が多くなっています。ただ，インターネット上でECサイトをオープンすれば，どんな商品でも自然と売れていくわけではなく，実際に商品を手に取って確認する必要がない，もしくはブランド等で商品の認知が進んでおり品質等の信頼性の高い商品が中心のようです。

ZOZOTOWNはアパレルのECを変えた

　ZOZOTOWNのサイトを訪問すると気がつくことがあります。商品を見るとかなり多くの写真が掲載されているのがわかります。

　ZOZOTOWNが現れるまでは，アパレルはECでは取引されないと言われていました。アパレルは，インターネットでは色や生地の品質，サイズ感がわかりにくく，EC化が難しいと考えられていました。

　ZOZOTOWNでは，これまでのECサイトにはない工夫がなされています。まず，ブランド力のある商品であること。そのため，品質については，実物を見なくても安心して購入できます（店舗側にとっては第10章で解説するショールーミングの問題があります）。もう1つは，プロのカメラマンが撮影した大量の写真により，完ぺきではありませんが，色や質感がうまく伝わることです。そのことで，安心して商品を選ぶことができます。

　また，多種のブランドやコーディネート写真により，まるで店舗で買い物をしているようにECサイトで買い物ができることです。ZOZOTOWNはアパレルECサイトにイノベーションを起こしたとも言えます。

　最近のECサイトでは，旅館やホテルの予約サイトも同じような手法を取り入れています。

　参考：https://zozo.jp/

（3）　デジタルコンテンツやサービスもECサイトで取引される

　近年は，スマホの利用者も拡大し，さまざまなデジタルコンテンツやサービスがECサイトで提供されるようになりました。情報（デジタルコンテンツ）の販売だけでなく，役務（たとえば翻訳サービス）を契約するデジタルサービスは，物理的な商品を必要としない場合が多いため，情報を取り扱うのが得意なECサイトのほうが有利と考えられます。デジタルコンテンツでいえば，音楽や映画はその典型的なものです。

　また，第9章のプライシング戦略で説明するフリーミアムやサブスクリプション等，新しい価格形態も生まれています。このような理由からもデジタルコンテンツやデジタルサービスについてはECサイトが主流となっています。詳細は，第8章の第3節や，第9章で紹介します。

2　ECサイトと店舗の比較

　商品によって，ECサイトの向き不向きがあることがわかりました。今後ECサイトのさまざまな工夫によってEC化率が高まる可能性がありますが，あらためて，市場規模の過半数を占める物販系ECサイトと店舗，それぞれのメリット／デメリットを確認しておきましょう。

（1）　ECサイトはメリットの多い販売チャネルである

　第1章のデジタル化の項でも述べましたが，店舗がECサイトに変わると，場所や時間の制約がなくなることが一番大きなメリットです。

　ECサイトが有利な点をまとめてみましょう。

［購入者の側面］
- 時間や場所の制約が少ない
- 店舗より数多くの商品から選択することができる
- 商品の仕様など細かな情報を確認しやすい
- 過去の購入履歴から商品の推奨を受けたり，関連する新商品，人気商品の情報が得られたりする

［ECサイト運営者の側面］
- ポイント等と連動することで，顧客を固定化しやすい
- マーケティングのためのデータを獲得できる。また顧客に合わせた情報を提供できる
- 販売に際して比較的人の手間がかからない
- 商品在庫を集約できる（集約できると品切れのリスクが少ない）

　ECサイト利用者にとって，時間や場所の制約だけでなく，商品に対する必要な情報が得られるので，たとえば他の商品と比較したりできれば，商品購入後の納得感も高くなります。またECサイト運営者にとっても，一度買ってもらえると，自社のECサイトを信頼して次も買ってもらえる可能性が高まります。

　中でも，ECサイトが一番有利なのは，過去の購買情報や，閲覧したが買わなかった情報も得られるため，データ分析機能を駆使して，個々人にあった商品の推奨ができることです。店舗では，顔なじみのお客様ならいい商品を推奨できるかもしれませんが，あくまでも勘の世界を超えません。ECサイトでは，たとえば，協調フィルタリングという手法を用いれば，強力な商品の推奨が可能です。簡単に方法を述べると，例としてAさんがX，Y，Z商品を購入した場合，購入実績で相関の高い他の購入者群（たとえばBさん，Cさん）を見つけて，Bさん，Cさんが過去に買ったW商品をAさんに推奨するというものです。大量の購買データをECサイトで保持できると，精度の高い推奨が可能となります。

（2）　店舗にも十分なメリットがある

　一方の店舗も，まだEC化率の低い商品があることから，依然としてメリットがあることがわかります。店舗自体は，店舗に関わる固定費や商品在庫数の制約があったりしますが，商品によってはECサイトより有利な場合があります。

［購入者の側面］

- 商品の質感や品質を確認できる（実際に手に取ってみたり，試着やコーディネートの相談ができたりする）
- その場で今欲しい商品を手に入れることができる
- 意図していなかった商品との出会いがある

［店舗側］

- 通行量が多い立地なら，自然とブランドや商品が認知される

　やはり，店舗で商品の質感や品質を確認できるのはメリットとしては大きいです。最近は販売を目的とせず，ショールームとしての店舗を設ける場合があります。またAppleのように，一等地に店舗を構えることで，ブランド力を高めている場合もあります。本書の執筆時点で，これまでECサイトのみの展開だったZOZOTOWNも，商品販売のためではなく顧客体験を高めるために店舗をオープンしました[2]。

（3）　ECサイトはメリットばかりではない

　ECサイトは，店舗と比較して有利な点が多いですが，注意が必要な点もあります。ECサイトを運営する場合，以下のような注意点があります。

- 同じ商品を安価に販売する自社以外のECサイトから購入されてしまう
- 他ECサイトの競合商品と簡単に比較されてしまう
- その場で商品を渡せない（配送に時間がかかると届くまでにキャンセルされてしまう可能性がある）
- 店舗のように，目的としない商品の発見や衝動買いが少ない（目的買いが中心）
- システムを安全に動かす必要がある（情報漏洩などへの対応含む）

3 ECサイトを開設するとしたら？

（1） ECサイトにはさまざまな事業形態がある

　実際に物販系ECサイトはどのようなものか見ていきましょう。ECサイトには図表7-4に示すようにさまざまな事業形態があります。

　まず，自社が商品の販売を行うECサイトがあり，本ECサイトは，さらに自社は販売だけか（**EC事業会社**），自社で商品の製造を行うか（**企業ECサイト**）の2つのタイプに分かれます。EC事業会社の代表例としてAmazonやZOZOTOWNがあり，一般的に大規模なECサイトとなります。その特徴として，品揃えの多さや価格の安さ，また配送等のサービスも利便性が高いECサイトです。一方の企業ECサイトは，自社で企画・製造した商品のみを販売するECサイトとなり，規模もその会社の市場規模に比例します。大規模なものには，UNIQLOやニトリが挙げられます。これまで，自社でECサイトを開発し運営するには，相当の資金力が必要でしたが，最近はBASEやShopifyのような**ネットショップ開設サービス**も充実してきたため，資金力の小さい企業もECサイトを構築することができるようになりました。ネットショップの開設サービスを使って，安く早くECサイトをオープンする企業も多数現れています。

　次に，物販系のECサイトには，**マーケットプレイス型**のECサイトがあります。楽天を代表例として，商品を販売したい企業がマーケットプレイス上で店舗を開きます。安く早く店舗を開くことができるので，比較的小さな企業もEC上で商品の販売ができます。また，ポイントや決済だけでなく，配送もマーケットプレイスが用意するしくみを利用できます。このようなメリットから，昨今はAmazonもマーケットプレイス事業を拡大しています。

　最後に，**オークション型**のECサイトがあります。メルカリやヤフオク！がその例です。個人が直接商品を販売することが可能です。商品供給力に自信がない個人事業者であっても，オークション型のECサイトで商品の販売を行うことが可能です。

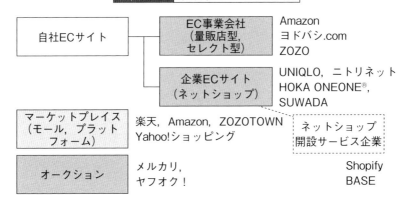

図表7-4　物販系ECサイトの分類

では，ECサイトで商品を販売する場合，どのようなやり方があるでしょうか？　図表7-5に，主流となる企業ECサイト（自社でECサイトを保有する場合）とマーケットプレイスについてメリット，デメリットをまとめてみます。

図表7-5　物販系ECサイト別出店時のメリット／デメリット

	メリット	デメリット
自社でECサイト保有	・商品の見せ方の自由度が大きい ・自社の裁量でキャンペーン等ができる	・ECサイト構築費用，維持費用がかかる ・ECサイトの認知度を上げる必要がある
マーケットプレイス出店	・初期費用が少なくて済む ・ECサイト自体の集客は必要ない ・物流，決済もお願いすることができる（もちろん費用が発生する）	・他社の商品と比較される ・画面カスタマイズの自由度が小さい（写真の大きさは固定） ・出店料や販売時のマージンがそこそこかかる

　自社でECサイトを保有する場合，商品の写真の大きさや商品説明の入れ方を比較的自由に設計することができます。ブランド価値を高めたい場合，商品ページ作成の自由度が高く有利に働きます。一方でしっかりしたECサイトを設計・構築し，情報の管理を含めECサイトを維持していくにはそれなりの資

金が必要となります。また，決済や物流などのしくみも自社で整備しなくては
なりません。店舗等で，すでに決済や物流の手段がある場合はいいですが，自
社単独ですべてのしくみを準備するのは結構大変です。

　もう1つ大きなハードルは，ECサイトの認知度を上げなくてはならないこ
とです。商品自体の認知度がある場合は，それほど苦労しないかもしれません
が，ECサイトから事業をスタートする場合，当たり前ですが，まずECサイト
自体の認知度を高める必要があります。何の対策も行わないのに，顧客がわざ
わざ自社のECサイトを探し当て，アクセスしてくれるわけではないことに注
意が必要です。SEO対策やインターネット上の広告等，さまざまな販促が必要
となります。

　一方のマーケットプレイスは，自社でECサイトを準備するより初期費用は
少なくて済みます。また，商品情報掲載の自由度は低くなりますが，マーケッ
トプレイスの認知度が高ければ，自社の商品を検索して買ってもらえる可能性
も高まります。

　一方で，出店企業は，商品販売額に対して手数料を支払わなくてはなりませ
ん。また，他社の商品も掲載されているため，価格面の競争に巻き込まれてし
まう場合もあります。関連して，マーケットプレイス事業者は，販売額に対す
る課金以外に，広告の収入も大きくなっています。マーケットプレイスでは，
検索後の表示順序は上のほうがクリックされやすくなります。通常はよく購入
される商品が上位に現れますが，広告費を支払うとリストの上位に表示される
ようにすることができます。「広告」とか「PR」というマークがついているの
ですぐわかります。このように，自社ECサイトにはない費用が結構かかった
りします。

　このように，どちらもメリットとデメリットがあります。実際，自社でEC
サイトを持ちながらマーケットプレイスに出店している企業もたくさんありま
す。しかしながら，自社ECサイトはECサイトに対する運営費用の負担が大き
いため，目標とするECサイトの売上でどちらを選択するかが決まってきます。

（2）　新たに出現したD2C

　昨今はD2C（Direct to Consumer）というECサイト開設のアプローチが

増えてきました。D2Cは，もともと「自社で企画した商品を直接顧客に届ける」というコンセプトですが，すでに販売チャネルを持つ企業においても，既存の販売チャネルとは異なる，ブランド価値を高めた新しいチャネルとしてECサイトを開設する動きが出てきました。つまり，ECサイト限定の商品やブランド力を高めたい商品について，ECサイトを通じて直接顧客に販売することをD2Cと呼ぶ場合もあります。

　一般的に，D2CタイプのECサイトは，高いブランド価値を訴求することを意識したものが多いことから，ECサイト全体のイメージや商品の紹介にも工夫がされています。

　実際，このようなD2Cサイトが次々に出現しているのは，前述のBASEやShopifyのような**ECサイト構築（ネットショップ開設）**サービスにより，高品質なECサイトを安価に早く立ち上げることができるようになったためです。ショップのテンプレートだけでなく，決済手法，SNSとの連携やマーケティング分析も機能としてパッケージ化されています。その代表企業であるShopifyは「Amazonキラー」という異名もあり，たとえばEV（電気自動車）トップのテスラのような企業も利用しています。全世界では，100万店舗以上が導入しています[3]。

　このように，高品質なECサイトを安く早く開設できるようになると，これまで小規模の事業者にとって，マーケットプレイスに出店してインターネットで商品を販売するしか選択肢がなかったものに，新たな選択肢が加わります。かつては資金のある企業しか開設できなかったECサイトを誰でも出店できる，つまりECサイトが「民主化[4]」されていきます。個人事業者でもインターネットでショップを開くことができるようになりました。

　一方，ECサイトをD2Cで開設することはとても魅力的に見えますが，課題がないわけではありません。特に商品やブランドの認知に関する問題です。実際，次頁のコラムで紹介する土屋鞄製造所も，執筆時点では楽天にも出店しています。

　商品やブランドを顧客に認知してもらうためには，商品力だけでなく，インターネット上での露出度の高さも重要になります。マーケットプレイスに出店することや，旧来からのメディアへの広告も効果的な手段となります。本書の

コンセプトにもなりますが，総合的なデジタルマーケティング施策を組み合わせることにより，商品の認知やECサイトへのアクセスの獲得，そして売上の獲得へとつなげることが重要となります。

土屋鞄製造所の多面的なマーケティング

　　土屋鞄製造所は1965年に，ランドセルづくりから始まった革製品を製造販売する企業です。ホームページには高品質な鞄，財布，ランドセルが掲載されています。最近では，スイカや雪だるまを運ぶバッグが話題になったりしました。

　　土屋鞄製造所は自社でECサイトを開設していましたが，ECサイト構築や運用の負荷から現在はShopifyを用いています。また，土屋鞄製造所は早い段階からメールマガジンの運用やFacebookを通じて情報発信を進めています。適宜新たな情報も発信されています。もちろん，高品質な革製品であることから，百貨店を中心に店舗も構えており，実際に商品に触れることもできるのと同時に，ショールーム的な情報発信の1つの手段ともなっています。

　　このように，土屋鞄製造所は多面的な情報の発信を行っています。最近はメディア等でも取り上げられるようになりました。手間はかかっていると思いますが，ブランド構築やファンの獲得のためには重要な施策です。そのマーケティングの特徴として，顧客との関係を形成するために時流に乗ったSNSやECサイト開設のサービスを用いていることが挙げられます。

参照：土屋鞄製造所ECサイト　https://tsuchiya-kaban.jp/（2022年12月アクセス）
Shopify土屋鞄製造所紹介記事　https://www.shopify.com/jp/blog/success-story-tsuchiyakaban（2022年12月アクセス）

（3）　ECサイトの運営は複雑

　将来，ECサイトの運営に関わる方に向けて，ポイントとなる品揃えと決済・出荷のしくみについて簡単に紹介しておきます。

　まず，ECサイト運営で重要なのは，品揃えの部分になります。ECサイトでは店舗に比べて圧倒的に多種の商品を掲載できますが，Amazonのような巨大なECサイトを除き，どんな商品でも掲載してよいわけではありません。

　理由の1つは，利用者が欲しい商品を探しきれないという問題があります。商品数が多くなると，利用者が探しやすい商品カテゴリ（商品分類）の設定や商品カテゴリの階層構造，またキーワード検索（たとえば商品名の入力間違いへの対応等）の工夫等，機能をうまく作りこまなくてはなりません。

　もう1つの理由として，売れなかった在庫の問題があります。消費期限のないものでも，長期にわたり在庫状態だと商品が劣化する可能性もあります。また，売れない商品の保管スペースのために売れている商品の保管場所がなくなり，販売の機会をロスしてしまいます。売れていない商品は定期的に在庫を見直し，カタログから落として廃棄していく必要があります。

　品揃えは，商品別，または商品カテゴリー別の販売データをもとに考えます。マーチャンダイジングとも呼ばれます。基本的には，購入顧客属性，地域，時期，関連イベント，商品属性（色，味，サイズ等）をもとに，蓄積した販売データから先々の需要を予測しながら進めます。この方法は，店舗の品揃えとも共通した方法となります。ECサイトでは，閲覧情報や検索キーワードなども予測のためのデータとして用いる場合が多いです。

　ここまでのところで，販売する商品の準備ができました。次に，注文確定から出荷・決済までのプロセスについても説明します（図表7-6）。

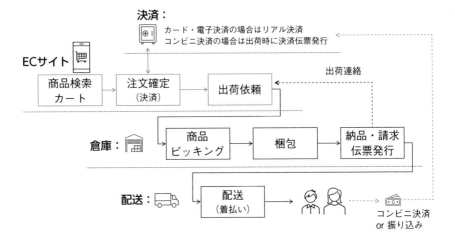

図表7-6　物販系ECサイト出荷・決済までのプロセス

　物販系ECサイトでは，いくつかの企業との業務や情報システム上の協力関係が必要となります。1つは，決済に関する協力です。決済方法には，クレジットカード，オンライン上での決済サービス，コンビニ決済や振り込み等があります。各決済サービスを提供する企業と，ほぼリアルタイムのシステム連携が必要になります。

　次に，倉庫や配送関係の協力関係が必要になります。一般的には，会社が倉庫業務や配送を外部に業務委託するケースが多いです。倉庫では，注文に対して商品を集め，梱包し，納品書等の伝票を発行して配送業者に引き渡す必要があります。

　その他，問い合わせを受けるコールセンターの運営企業等，さまざまな企業と連携が必要になります。注文が少ない場合は，すべて自社で対応することもできますが，注文数が多くなるに従い，外部企業との業務や情報システム間の連携が必要になります。

　最後に，ECサイトで重要なのは，ECサイトの運用を担うITサービス企業との連携です。自社でECサイトを構築する場合であっても，ネットショップ開設サービスを利用する場合であっても同じです。ECサイトを安定的に運用するためには，日々のデータメンテナンスだけでなく，顧客情報の漏洩や外部か

らのセキュリティ攻撃への対応が重要な業務となります。ECサイトの停止や情報の漏洩は顧客からの信用を大きく損なう可能性があるため，専門的なサービスの利用が必要となります。

まとめ

- ●ECサイト市場は近年大きく年成長しています。成長の理由は，ECサイト側の工夫により，衣服等これまでECで販売されてこなかった商品カテゴリーにも拡大されているためです。またデジタルコンテンツ市場の拡大も著しいものがあります。
- ●ECサイトと店舗のどちらを選択するかについては，商品特性や販売面のメリットで決めていきます。また，ブランド価値を高めるためには，認知，もしくはショールームとしての店舗の重要性も考慮する必要があります。
- ●ECサイトの開設は，大きく分けて自社でECサイトを開設するか，マーケットプレイスへ出店するかのいずれかとなります。それぞれECサイトの独自性追求，他の企業との競争，コスト等さまざまな要因からの判断が必要となります。
- ●近年，ECサイト開設サービスが増えてきて，誰もがECサイトを早く，安く開設することができるようになってきています。このようなECサイトの「民主化」とも関係して，自社で商品を企画し，顧客に直接販売するD2C企業が数多く生まれています。

第8章

商品・サービス開発への
デジタルマーケティングの応用

　続いて，商品・サービスの開発についても見ていきましょう。商品やサービスの企画や開発にデジタルマーケティングの施策を組み合わせることはとても重要になってきました。その理由の1つとして，SNS等から利用者の意見を収集できるようになったことが挙げられます。たとえば，新商品を発売した後の顧客の反応も簡単に確認することができるようになりました。そして，特にデジタルサービスに言えることですが，利用者が必要とするサービスがどのようなものか確証がなくても，実際にサービスを提供してみて，その利用状況を確認することでサービス自体を改善していくことができるということです。

　なお，本章で取り上げる商品は有形のものだけではありません。音楽や新聞記事などの無形のデジタルコンテンツも一種の商品ですし，昨今は，たとえば健康状態を記録するアプリケーション（ソフトウェアプロダクトと呼びます）も広義の商品（サービス）となります。まずは，なじみのある有形の商品から見ていきましょう。

1　顧客のニーズをつかむ

（1）　顧客のニーズは本当にわかるのか？

　新しい商品を企画する際，想定する顧客のニーズを把握することがとても重要です。ニーズを正しく把握しないと，顧客が本当に欲しいと思う商品を提供できないからです。

　ところで，ニーズは簡単に把握できるものでしょうか？

　答えとしては，ニーズはある程度わかる場合もあるし，わからない（もしくはぼんやりとしかわからない）場合もあるということになります。当たり前で

すが，世の中に存在しない商品についてはニーズを顧客から引き出すことは難しくなります。Appleの創業者であり，現在の高いブランド力を持つAppleへと企業を成長させたスティーブ・ジョブズも「消費者に，何が欲しいかを聞いてそれを与えるだけではいけない。製品をデザインするのはとても難しい。多くの場合，人は形にして見せてもらうまで自分は何が欲しいのかわからないものだ」という名言を残しています。

そもそもニーズは現状の延長線上でしかイメージできませんし，顧客の満足には商品利用前後の状況も影響します。その中で，多くの方が欲しいなと思うものを情報として集めていく必要があります。類似する商品があれば，それを比較対象として収集できるかもしれませんが，まったく新しい商品は実際に使ってもらわないと，本当に欲しくなるかどうかはわかりません。ニーズはわかる，ニーズはわからないの両方の立場から，デジタルマーケティングのアプローチを見ていきましょう。

（2）　顧客ニーズはわかるという立場

これまで，顧客ニーズは顧客自身が知っているという立場で，マーケティングリサーチが行われてきました。たとえば，インターネットで行うアンケートやグループインタビューのようなものがあります。具体的な商品を提示し，商品に対する定量面，定性面の情報収集を進めていきます。

また，実際の売上実績から顧客の必要としている商品を絞り込んでいくこともできます。AかBかという選択肢を提示することができれば，どちらの商品の売上が高いかを分析することで顧客が好む商品を特定できます。

たとえば，図表8-1の売れ筋商品の絞り込みの例を見てみましょう。最近の売れ筋から，顧客が求めるカラーを絞り込むことができます。同様に，たとえば半袖の服が売れていることを定量的に把握することができれば，そのような商品を提供することも可能です。このように販売データの分析を行うと，自然と売れ筋の商品，すなわち顧客が求める商品へと絞り込むことができます。

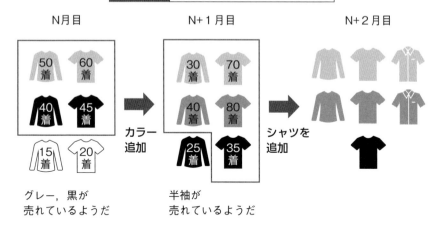

図表8-1 顧客が求める商品の絞り込み例

N月目　　　　　　　N+1月目　　　　　　　N+2月目

グレー，黒が
売れているようだ

半袖が
売れているようだ

　最近はSNS等の発言をもとに，テキストマイニング手法を用いて，頻出する言葉からニーズを特定する手法も試みられています。

　ところで，このような方法で顧客が本当に欲しい商品を提供できているでしょうか？　このような手法が有効なのは，ある程度既存の商品が認知されており，選択肢を具体的に絞り込める場合に限ります。

（3）　顧客ニーズはわからないという立場

　人は，「自分の欲しいものを言葉にできる」というふうに考えがちですが，まだ見たこともない商品に対するニーズは，なかなか言葉として表現することが難しいです。その時，突然，Appleのスティーブ・ジョブズや，SONYの盛田昭夫のようなカリスマ的な人物がまったく新しい発想で商品を提示してくれるかもしれませんが，そのようなことは頻繁にあるわけではありません。

　また，彼らも間違うことがあります。スティーブ・ジョブズはAppleを飛び出してNeXTコンピュータという高性能コンピューターの販売に乗り出しました。当時は成功すると考えられていましたが，商業的には成功しませんでした。また，デジタルオーディオプレーヤーの例もあります。AppleのiPodの2年前に，SONYは先行して商品を販売開始しましたが，後発のiPodが市場を席巻しました[5]。

　社会にとってまったく新しい商品は失敗の確率も高いということがわかります。IBMの初代社長トーマス・J・ワトソンも「コンピューターは全世界で5台ぐらいしか売れないと思う」という「迷言」を残していたりします。しかし，既存の競争から抜け出す新商品が当たれば，先行者として大きな収益がもたらされる可能性もあります。顧客行動や価値観の変化等，時代のタイミングをとらえるとともに，これから現れてくるニーズを社会の中で商品として表現していくことが重要なようです（図表8-2参照）。

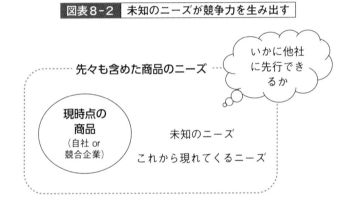

図表8-2　未知のニーズが競争力を生み出す

いかに他社に先行できるか

先々も含めた商品のニーズ

現時点の
商品
（自社 or
競合企業）

未知のニーズ

これから現れてくるニーズ

2　顧客が抱えるコトへの注目

（1）　モノからコトへ

　顧客ニーズがわからない場合，実際に市場で試してみることが重要となります。とは言っても，やみくもに試してみるのも非効率です。その中で，顧客ニーズに接近するいくつかの方法が考えられてきました。

　そのアプローチは，機能の集合体としての商品（モノ）に注目するのではなく，実際に商品が使われる用途（コト）に注目するものです。その代表的な考え方としてロバート・F・ラッシュとスティーブン・L・バーゴにより提唱された「サービスドミナントロジック」があります（図表8-3参照）。

　まず，対抗する「グッズドミナントロジック」という考え方を説明すると，商品の機能の良さに注目し，スペックが高まると市場が受け入れるはずだという発想になります。確かにスペックが重要な選択肢となるPCなどはそうかもしれません。機能が高く，価格が安いものが売れ筋となります。

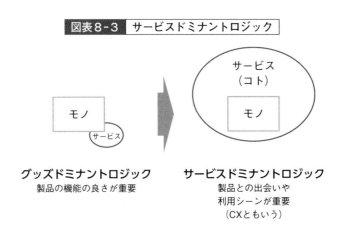

図表8-3　サービスドミナントロジック

グッズドミナントロジック
製品の機能の良さが重要

サービスドミナントロジック
製品との出会いや
利用シーンが重要
（CXともいう）

　一方の「サービスドミナントロジック」は，サービスを広く解釈し，商品利用時の経験としてとらえます。つまり，顧客が商品を用いて何らかの価値ある体験がなされることを目指します。このような発想から，**図表8-3**に示すように，サービスを広義にとらえ，顧客が商品をいつ，どのような用途に用いるかという発想でアプローチします。このように，商品の利用時の満足度を高めていく発想で考えると，機能は限定的であっても，サービス全体として顧客に価値を感じてもらえればよい，となります。たとえばデジタルカメラの写真の画素数はほどほどでも，友人と写真を共有することに注力するというようなことです。

　ただ，ここまで「サービス」の概念を広げるのは，逆にサービスという言葉に混乱を招くかもしれません。要は，顧客が価値を感じるコトはなにか，解決したいコトは何か，というふうに読み替えていただければ理解しやすくなります。

　イノベーション研究で有名なクリステンセンは，このコトに注目し，「ジョ

ブ理論」を提唱しています。クリステンセンは，ある顧客が商品を購入する理由として，商品を通じて「片づけるべき仕事（ジョブ）」があると述べています。たとえば，渋滞した通勤の気を紛らわせるためのミルクシェークであったり，引越しの際の愛着あるテーブルの対処方法であったり，顧客が何かを達成しようとする際の問題に注目します。そのような問題に接近し解決することができれば，新たな発想から商品を生み出すことができるかもしれません。

　また，近年第11章に述べるペルソナやカスタマージャーニー等の手法を用い，顧客のミクロな行動に注目して商品の企画を進めることが多くなってきました。うまく言葉にできなかった課題を発見できると，社会にとって新規性の高い商品を生み出すことができるかもしれません。

（2）　SNSからの情報収集はコトに注目

　コトに注目するとSNSの活用方法も変わってきます。SNSは顧客の声を知るための重要な情報源と位置づけられています。確かに，利用者の評価や感想を情報として収集することが可能ですが，漫然とSNSでのつぶやきを見ていても何かわかるわけではありません。また，テキストマイニング手法を用いて，頻出する単語を分析しても，おそらく商品開発者なら，わざわざ調べなくてもわかっている言葉が集計されるだけかもしれません。

　注目すべきは，コトの文脈から用途に注目した情報を集めることです。または，想定しなかった用途を探し出すことです。

　実際，ワークマンは利用者の投稿をもとに，思いがけない商品の利用方法に気づきました。もともとワークマンは安くて丈夫な作業用のウェアを販売していましたが，フィッシングやバイクに乗る方が安くて価値あるウェアとして利用していることに気づきました。またアウトドアの愛好者によっていくつかの商品がSNSに好意的に投稿されていることに気づきました。その後，実際に利用者をアンバサダーとして迎えることにより，新たな商品の開発が進むこととなりました。現在の「ワークマンプラス」はこの過程を経て，アウトドアブランドとしての地位を確立していきました。

（3）　たくさん試してみることも重要

　とはいっても，簡単に顧客の課題を言語化することができるのでしょうか？顧客自体が明確に言えない課題を捉えることはとても難しいように思えます。そのため，仮説を設定してたくさん試してみることが重要になります。

　発明王と言われているトーマス・エジソンは，「私は失敗したことがない。ただ，1万通りの，うまく行かない方法を見つけただけだ」という有名な言葉を残しています。ビジネス面では，ファーストリテイリング（ユニクロ，GUを展開）の代表取締役会長兼社長である柳井正氏も『一勝九敗』という書籍を出版しています。実は，世の中で革新的な商品や事業を生み出すためには，多くの知識を組み合わせ，たくさん試してみることが必要だとも言われています[6]。

　つまり，ヒットする商品・サービスは必ずしも世界初の技術を利用する必要はないということです。言い換えると，ヒットする商品は，顧客に新しい使い方（価値）を提案しているということです。たとえば，iPhoneもLINEもUber Eatsも，これら商品・サービスは時代を代表するものですが，必ずしも全く新しい技術ばかりを採用しているわけではありません。しかし，今ある技術を組み合わせて，新たな顧客の課題に対応することで競争力のある商品やサービスを提案しています。言い換えると，世の中はチャンスにあふれているともいえませんか。そして，何度も試して生き残った商品やサービスが，振り返って「いいアイデアだった」と言えるのかもしれません。

（4）　デザイン思考アプローチ

　最近，デザイン思考アプローチを製品・サービスの企画に用いることが多くなってきました。デザイン思考とは，いわゆるデザイナーのツールを製品・サービスの企画に生かす方法です。これまでの，製品や技術ありきで考えるのではなく，顧客を理解するところからスタートし，顧客の気持ちや課題に対する対応案について，チーム内でアイデアの発散（選択肢を増やす）と収束（一番良い選択肢を選ぶ）を繰り返します。そのため，イノベーションに向けた人間中心アプローチとも言われています。また，単に面白いアイデアを着想する

というのではなく，有用性（desirable），技術的実現性（technologically feasible），経済的実現性（economically viable）をバランスよく実現することが目指されています[7]。

　デザイン思考は，「デザイナーのツール」とありますが，人目を引く製品やアプリの見た目をデザインすることを言っているわけではありません。たとえば，皆さんが友人から「いい机が欲しい」と言われたらどんなふうに提案するでしょうか？　おそらく用途や，なぜ今机が欲しいのか，また今回重視するポイントとかを質問したりしませんか？　友人はリモート会議用の書斎の机が欲しいのに，リビングのテーブルを提案，となってしまってはとても残念です。きちんと相手の話を聞いてみることが大事です。

　デザイン思考アプローチには，多数の進め方がありますが，**図表8-4**にスタンフォード大学d.schoolのアプローチをベースとした進め方を示します。デザイン思考アプローチは，「観察・共感：顧客の理解」，「定義：解決すべき問題」，「創造：アイデア，解決策の概念化」，「試作：まずミニマムなプロトタイプを作る」，「テスト：仮説の検証」という5段階のプロセスで構成されています。顧客の理解から始まるのがポイントとなります。また，本プロセスはテストで終わるのではなく，うまくいかなかった場合は「観察・共感」に返ります。テストを通じて学んだ内容で，発展的に問題点や解決策の検討を進めていく手法です。なお，このプロセスは第11章で述べるペルソナやカスタマージャーニーの設計との接点も多いです。

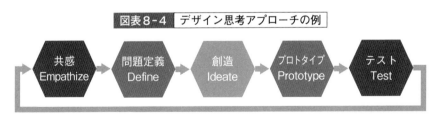

図表8-4　デザイン思考アプローチの例

共感　Empathize　問題定義　Define　創造　Ideate　プロトタイプ　Prototype　テスト　Test

出所：スタンフォード大学d.schoolのアプローチを参考に作成

　一方，デザイン思考アプローチには批判もあります。『ゼロ・トゥ・ワン』

の著者であるピーター・ティールは顧客の課題に注力しすぎるのではなく，「自分の意思」をしっかり持つ必要があると述べています。おそらく，製品・サービスがどの段階にあるかでどちらか一方のアプローチでなくてはならないということではなく，考え方をバランスしていくものではないでしょうか。

（5） クラウドファンディングというアプローチ

もう一つ，試作段階での情報収集手段として，**クラウドファンディング**があります。クラウドファンディングとは，ファンから出資を募り，商品を開発したり，市場に展開したりするビジネス手法です。ここで「クラウド」は群衆の意味の"crowd"になります。

事業を始める際は，まとまった資金（ファンディング）が必要になります。一般的には，会社を起こしたり新規事業を立ち上げたりする場合，出資者から資金を得て，事業を立ち上げていくことになります。出資者を募る際，証券会社や銀行が企業と出資者のマッチングを行いますが，クラウドファンディングではマッチング機能をサービスとして提供していることになります。現在，CAMPFIRE，Makuake，READYFOR等，多数のサービスが存在します。個人でも資金を集めることが可能です。

ただ，なにか商品を掲載すれば，未知の顧客（クラウド）から資金が集まるわけではありません。クラウドファンディングではシェアイシュー，または共感がキーワードになります。解決すべき課題，またこんな商品が欲しかったというものを提供していくことが重要です。検索されるキーワードに注目するのは，リスティング広告の手法と同じになりますが，解決したい課題ベースのキーワードが重要と考えます。つまり，商品そのものの価値だけでなく，共感を得られるかどうか，マーケティング上の**テスト**に利用できます。合わせて，広く出資を募る場合は出資者のネットワークの活用や広告なども同時に検討する必要があります。

実際，商品を顧客に受け入れてもらえるかどうかを確認する方法として，良い手段と考えます。これから事業を始めてみたい方でも活用できますし，大企業であっても試作品のマーケティング手法として活用することができます。

3　ソフトウェアプロダクトの重要性が増している

（1）　デジタルサービスを提供するソフトウェアプロダクトとは

　ここまで，商品を中心に説明を進めてきましたが，モノからコトに発想を変えていくと，サービスの重要性が高まります。前掲の図表8-3のサービスドミナントロジックの説明でも紹介したように，もしかすると，商品よりその商品を取り囲むサービスのほうが重要かもしれません。このような背景から，インターネットを通じて提供されるデジタルサービスを一つの商品とみなし，ソフトウェアプロダクトとして提供するケースが増えてきました。本書ではソフトウェアプロダクトをスマホ等のアプリとほぼ同じ意味で使っています（図表8-5）[8]。

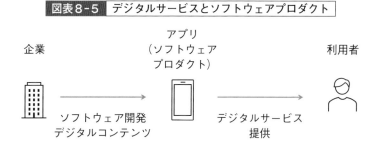

図表8-5　デジタルサービスとソフトウェアプロダクト

企業　　　　アプリ（ソフトウェアプロダクト）　　　利用者

ソフトウェア開発
デジタルコンテンツ

デジタルサービス
提供

　例えば，デジタルコンテンツを扱うAppleのiTunesもそうですし，先ほど紹介したクラウドファンディングのしくみもそうです。SNS自体もソフトウェアプロダクトの1つと言えます。皆さんがスマホで使うアプリは，ほぼソフトウェアプロダクトと言ってもあながち間違いではないと思います。

　ソフトウェアプロダクトというと，デジタルな世界だけを想像してしまいますが，近年，物理的な商品も，ソフトウェアプロダクトと一緒に提供されることが多くなってきました。たとえば，最近の体重計はアプリに接続できるものが多数あります。体重計はダイエット目的で利用している方がたくさんいると

思います。過去の体重を記録できるアプリがあるととても便利ですね。

このように，一歩踏み込んで顧客の課題を解決しようとすると，ソフトウェアプロダクトをサービスとして提供することは重要な施策となります。

GarminのGPSウォッチ

Garmin社のGPSウォッチはマラソンランナーに人気のある商品です。マラソンをやらない方は，ストップウォッチ的な時計を想像されるかもしれませんが，走ったコースや，現在の走る速度をGPSを用いて計ることができます。また，心拍計を用いれば，その時のランナーの「きつさ」の状態もわかります。

Garminでは，これらの情報がGPSウォッチ上でリアルタイムに確認できるだけなく，Garmin専用サイトにログが残るので，後日トレーニング成果を確認することもできます。速く走りたいという課題を持つマラソンランナーには重要なログデータとなります。さらに，Garminのデータはマラソンランナーのための他社SNSでも共有できるため，仲間と楽しむことができます。

ここまでくると，GPSウォッチは単なるモノではなく，顧客に新たな価値を提供するためのものであり，サービスの一部にモノとしての商品が埋め込まれていることがわかります。

参照：https://www.garmin.co.jp/（2022年12月アクセス）

（2）　ソフトウェアプロダクトは通常の商品開発と異なる

ソフトウェアプロダクトはこれまでと，商品開発のアプローチが異なります。一般的なモノとしての商品開発では，市場リサーチを行い，コンセプトを提示し，試作品，販売というステップがおおまかな流れとなります。ソフトウェアプロダクトでも流れは共通していますが，何点か大きな違いがあります。ソフ

トウェアの特徴を理解すると，アプローチの違いがわかりやすくなります。

　これまでの商品とソフトウェアプロダクトの主な違いは，以下の4点となります。

　1．ソフトウェアプロダクトはモノと比較して容易に変更が可能である
　2．ソフトウェアプロダクトは顧客の利用状況を確認できる
　3．ソフトウェアプロダクトは外部のデジタルサービスとも連携できる
　4．ソフトウェアプロダクトは少々の顧客数の増加に対し，追加の費用がほとんど発生しない

　まず，ソフトウェアは，UI（User Interface：画面）や機能を変更することが比較的容易です。そのため，ソフトウェアプロダクト提供後も，顧客が価値を感じるものにどんどん変更していくことが可能です。皆さんが使っているアプリも，何度も小さな画面イメージや機能の変更がありませんか。モノとしての商品は一度販売すると容易に変更できませんが，ソフトウェアプロダクトは微修正であればすぐに，かつ何度でも対応できます。つまり，製作と販売を繰り返しているイメージです。商品をリニューアルするサイクルが格段に速いと言えます。

　もう1つの大きな違いは，ソフトウェアプロダクトは顧客ごとにカスタマイズできると言うことです。モノとしての商品でもいくつかのパターンやオプションを準備できますが，当初設計したものから選択肢を大幅に増やすことができません。そのため，ある程度固定的なターゲット顧客に対する商品提供となります。一方のソフトウェアプロダクトでは，より個人としての顧客の行動に注目したり，変化していく顧客ニーズに追従したりすることが可能となります。そのため，特徴ある利用顧客を対象としてリサーチを行ったりします。さらに，ソフトウェアプロダクトの利用状況がログデータとして蓄積されていきます。このログデータを用いれば，顧客がどの機能から次のステップに行かないのかがわかるので，たとえばボタンの位置を少し変更することで，どう使い勝手がよくなったのかを確認することもできます。

　さらに，ソフトウェアプロダクトは外部の有力デジタルサービスと連携する

ことも可能です。例えばSNSとの連携はその一例です。ゲームなどの結果をアプリからSNSに連携したことはないでしょうか？　ソフトウェアプロダクトに顧客を呼び込むために，他のソフトウェアプロダクトとの**補完関係**を作って，より自社のソフトウェアプロダクトの価値を上げることも可能です。このようにソフトウェアプロダクトのコンセプトを検討する際は，補完するサービスの検討も重要になります。

　そして最後に，ソフトウェアは何度利用しても消費されるのは電気代ぐらいでしょうか。つまり，物理的な商品と異なり原価（正確には変動費）がゼロに近いものとなります。そのため多少利用者が増えても，サービス提供のための追加コストはかかりません。そのため，大量の有料ユーザーの獲得に成功すれば，膨大な利益を獲得できる可能性もあります。

　以上のように，ソフトウェアプロダクトは，物理的商品にはない魅力があり，例えば，アプリのダウンロード画面などを見ると，多数の企業が参入していることがわかります。

4　デジタルコンテンツ市場の拡大

　すでに第7章の「チャネル戦略—ECサイト」でも紹介しましたが，これまで紙やアナログのデータだったものがデジタル商品へと変わることで，毎年市場が拡大しています。代表的な**デジタルコンテンツ**として，書籍・雑誌，音楽，映画などが挙げられます。

　これらはデジタル化されることで，インターネット上のECサイトから提供されていますが，昨今ではデジタルコンテンツの提供方法もずいぶん変わってきました。代表的な変化に次のようなものがあります。

1. 雑誌の販売から記事単位の販売へ，アルバム単位の販売から楽曲単位の販売へ
2. サブスクリプションビジネスの拡大
3. サービス提供者が独自の価値を加える

　雑誌や音楽がデジタル化されると，これまで物理的にまとめて販売されていた記事や楽曲を，ばらばらに販売することが可能になりました。このような販売形態を「アンバンドリング」とも言います。顧客にとっては読みたい記事，聴きたい楽曲のみにお金を払えばよいので，賢いお金の使い方となります。

　上記の延長線上で，月額課金型の**サブスクリプション**形態での販売が一般的となってきました。サブスクリプションについては，第9章の「デジタル時代のプライシング戦略」で詳しく述べますが，デジタルコンテンツをコンテンツ単位で販売するのではなく，一定の期間で好きなだけ利用できる形態となります。音楽に関しては，これまでは曲を選んで聴くことが多かったですが，料金が一定なので，ランダムに音楽を再生し聴き流すという，顧客の楽しみ方（体験）も変化しています。

　音楽の聴き方のように，顧客の利用形態が変わると，サービス提供者側でばらばらとなった記事や楽曲を再セット化し提供することも可能となります。「アンバンドリング」に対する「バンドリング（またはリバンドリング）」です。ECサイト上には大量の記事や楽曲が保持されているので，再セット化することで，たとえば音楽を聴き流すというリスナーや，あるテーマに関心のある読者にマッチしたサービスを提供することが可能となります。

　デジタルコンテンツを提供するECサイトも，広義には先ほどのソフトウェアプロダクトの一種です。ソフトウェアプロダクトの一種と捉えると，今後さまざまなデジタル化された情報や体験に対する価値あるサービスの提供が可能になると考えられます。

NewsPicksのコンテンツビジネス

　NewsPicksはインターネット上にあるビジネス・経済のニュースを中心としたキュレーションサイトです。もともとSPEEDAという企業情報を分析するサービスを提供していたユーザベースという企業が，企業のビジネスパーソン向けに優良コンテンツを提供するNewsPicksを2013年にスタートさせました。

記事の掲載だけであれば，Yahoo!ニュースやGoogleニュースもあるのですが，NewsPicksでは記事を厳選し，著名人が「プロピッカー」としてニュースに対する解説やコメントをしています。記事だけだと事実情報のみとなるのですが，記事の背景や考え方がコメントされると深く記事を理解することができます。さらに独自取材を加えることで，有料顧客を拡大しています。

2020年には無料会員を含め400万人を超えるプラットフォームに成長しており，書籍販売，教育コンテンツなどに事業を拡大しています。サービス開始時は記事自体は他社のものだったのですが，独自サービスやコンテンツを加えることで，提供するサービスを拡大しています。

参照：https://newspicks.com/ （2022年12月アクセス）

まとめ

- すでに市場に投入された商品の延長線上であるなら，マーケティングリサーチ等の方法で顧客のニーズをある程度把握することができるが，これまで市場に提供されていない商品は，顧客もニーズを言葉で表現することが難しくなります。
- 新たな商品を提供するためには，モノとしての商品から発想するのではなく，顧客が価値と考えるコトに注目すべきです。一連の顧客の行動の中に商品を位置づけることで，顧客のニーズの発見や問題解決をしていきます。
- 新たな商品を展開する場合，顧客の課題にマッチしているか，たくさん試す必要があります。その検証方法の1つとしてクラウドファンディングがあります。
- 近年，デジタルサービスの拡大に伴い，ソフトウェアプロダクトの重要性が高まっています。ソフトウェアプロダクトには，サービスの変更が容易，改善のためのデータ取得や他のサービスとの連携・顧客追加に伴う原価がほぼゼロ，というモノの商品にはないメリットがあります。
- 近年，デジタル化されたコンテンツもECサイト上で取引されています。その際，デジタルコンテンツの提供方法は，顧客の経験価値に適したものへと変化しています。

第9章

デジタル時代のプライシング戦略

　4Pの最後はプライシング（Price）戦略になります。商品を市場に投入する際，価格をいくらにするかは非常に悩ましい問題です。すでに類似する商品を自社で販売していたり，競合する商品があったりする場合は，その商品の機能，品質を基準として相対的に価格を設定できます。そして，基準より高いか低いかは商品の品質や特徴を表す，購入者に対してのシグナルとなります。シグナルとしての値付けとその価値の説明の仕方で，商品の市場投入が成功するかどうかを決める決定的要因となる場合もあります。

　ところで，話題は変わりますが，スマホのアプリには無料で使えるものがたくさんありませんか。SNSだけでなく，天気予報や乗換案内も無料のサービスが提供されています。さらに，Netflixのように，定額で映画を見放題のサービスもあります。利用者にとっては，とてもお得感があります。このように，特にデジタルサービスについて言えますが，最近のサービスはこれまでになかった価格設定がなされています。デジタル時代のプライシング戦略についてみていきましょう。

1　顧客が買ってもよい価格
　　―WTP（Willingness To Pay）とダイナミックプライシング

（1）　情報があふれる時代の価格設定

　インターネットが現れる以前は，価格の主導権は小売が持っていました。消費者が価格情報を調べるには，店舗を回って価格を調べるか，新聞のチラシ広告で価格を確認する必要がありました。モノがあふれる時代においては，価格は製品メーカーではなく，小売主導で決まるといってもあながち間違いではあ

りませんでした。

　それが近年，ほとんどの商品について，インターネットを通じて価格を調べることができます。第3章で述べた「情報の非対称性」に関わる変化です。価格比較サイトやマーケットプレイスを見れば最安値がわかるため，同じ商品なら一番安いECサイトから買ってしまえばよいということになります。そして，旧来型小売の価格主導力は小さくなっていきました。また，製品メーカー間でも商品の価格差が小さくなっているかもしれません。このように情報が増えると早く価格の相場が形成されるだけでなく，価格の主導権が消費者に移行していきます。

　情報があふれる市場といっても，企業が販売する商品はすべて同じ価格というわけではありません。また，既存商品と差異のある商品を販売する場合，同じ価格帯では販売することはありません。そのため，顧客の視点から，顧客が買ってもいいと思える価格，つまりWTP（Willingness To Pay）を見つけていくことがとても重要になります。

（2）　価格は多様で変動するもの

　価格の情報があふれている場合は，既存の価格を参照しつつ相対的に価格を設定することになります。家電製品などは，自社の利益を最大化できる価格を設定するというより，競合する製品の価格に大きく影響を受けています。また，アパレルのように季節や流行に価格が左右される商品もあります。現実には経済学で述べるような均衡価格[9]があるわけではなく，価格はさまざまな要因で変動していきます。

　また，同じ機能を持つ商品であっても，価格帯がまったく異なる商品があります。たとえば，腕時計の中には，100万円以上もする高額腕時計がありますし，多くの方が購入する1万円前後の普及価格の腕時計もあります。機能的な価値が同じでも，情緒的な価値が異なると，市場ではまったく異なる値付けがされていたりします（図表9-1参照）。

機能的価値と情緒的価値

価格に影響する2つの価値概念
機能的価値：製品やサービスの機能や性能に対する価値
情緒的価値：顧客が感じる，感情的・経験的な価値

　モノがあふれる時代には，情緒的価値を提供できるかどうかが重要となります。たとえば情緒的価値はブランド力という言葉で表されることもありますし，実際の生活の中で愛着が持てる商品やサービスとなれば，機能価値以上の価値を体験できるかもしれません。近年，デザイン思考アプローチの重要性が増してきたのは情緒的価値の重要性が認知されてきたためかもしれません。

新規サービスのWTPの見つけ方

　新規サービスでWTPを見つけるのは難しくなります。理由は商品のように参照する価格がないためです。その場合，サービス利用者へのヒアリングが重要になりますが，「いくらなら買いますか？」というオープンな質問は良くありません。顧客は，買ってもよい価格より安めに回答するケースが多いからです。及川他（2021）は，いくつかの質問を組み合わせ，価格と質問に対するYesの回答比率をグラフで示しWTPを見つける方法を紹介しています。

　縦軸に質問にYesと答える回答者の割合，横軸に価格をとり，たとえば「このサービスがL円だと安すぎると思いますか？（右下がりの曲線）」，「このサービスがL円だと安くないと思いますか？（右上がりの曲線）」が逆転する1つ目の交点を見つけます。そして，「このサービスがH円だと高すぎると思いますか？（右上がりの曲線）」，「このサービスがH円だと高くないと思いますか？（右下がりの曲線）」が逆転するもう1つの交点を見つけます。両交点の間にWTPがあると判断する方法です。

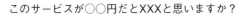

このサービスが○○円だとXXXと思いますか？

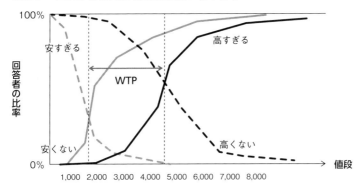

出所：及川卓也他（2021）『プロダクトマネジメントのすべて　事業戦略・IT開発・UXデザイン・マーケティングからチーム・組織運営まで』翔泳社

（3）　ダイナミックプライシングという方法

　企業にとって最適な価格はどのようなものでしょうか？　図表9-2に示すような需要曲線[10]上，売上が最大となる価格（価格×数量の面積が一番大きくなる価格）が設定できると理想的です。在庫数に限界がある場合は，廃棄のロス[11]を考慮して安く価格を抑える選択肢もあるかもしれません。

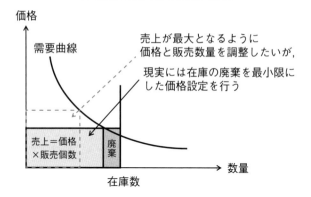

図表9-2　需要曲線と売上

ただ，需要曲線は，その時々の需要の大きさで上下することがあります。需要曲線の変動に合わせて最適な価格を設定するのが**ダイナミックプライシング**です。

ダイナミックプライシングとは，「商品やサービスの価格を，需要の変動に合わせて最適な設定を行うこと」を言います。実は，ダイナミックプライシング自体は昔からある価格設定方法です。たとえば，休日の旅館の価格がその典型例です。需要が増えても供給できる部屋数が限られているので，繁忙期には高い価格を付けるというものです。

旅館の価格に限らず，何らかの方法で需要の変動，つまりある商品やサービスの価値の変動を事前に察知できれば，価格を変化させることで企業の売上を最大化することが可能となります。たとえば，**図表9-3**に示すように，日々の需要曲線に合わせて提供価格を変動することができれば，機会ロスも少なく獲得できる売上も増えることが理解できます。

具体的な取り組みとして，ビジネスホテル業界の中には時間帯別の空室状況に合わせて価格を変動させているホテルもあります。ホテル業界は建物自体の固定費が大きいので，できるだけ稼働しない部屋を減らしたいと考えます。深夜に向けての時間帯別の空室状況に合わせて他のホテルより安い価格で販売できれば，部屋の稼働率が高まります。

提供できる数量（在庫とも言います）が限られている，また固定費が大きい

業界，たとえば飛行機やスポーツ観戦のチケットなどにも本手法は展開可能です。たとえば，南の島への旅行に注目が集まったり，2つのサッカーチームがシーズン終盤に向けて競り合っていたりしたらどうでしょう。途端に需要が増えるので，最適な価格を設定したいところです。最近はAIを用いて過去の販売実績から最適価格を算出する例も見られます[12]。

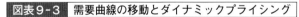

図表9-3　需要曲線の移動とダイナミックプライシング

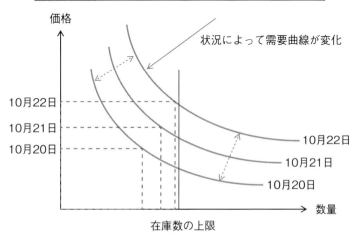

　ダイナミックプライシングを顧客のロイヤルティや行動パターンと関係づけることができたなら，強力なマーケティング戦略となると考えられます。一方で，いくつか注意が必要な点もあります。
　1つは，やはりデータ収集や分析にかかる費用が高いということです。また，ダイナミックプライシングはAI等の高度な技術を必要とします。
　もう1つは，顧客が納得いく価格を提示できるかという問題です。たとえば，過度に高価格な設定になると，顧客が不信感を抱きます。同じく，価格を下げた時に廉価なサービスとプレミアムなサービスの価格に差がなくなってしまうのも同じく価格に対する不信感を増長します。ダイナミックプライシングは，有効な策と考えられていますが，価格設定はAI任せとしないことが重要かもしれません。

2　なぜサービスは無料で提供できるのか？
―広告モデルとフリーミアム

　街角やスーパーで配られる試用品とかでない限り，おそらく商品が無料で提供されることはありません。一方で，たとえば皆さんがスマホで利用するアプリには無料で利用できるサービスが多数あります。Googleの検索や地図アプリもそうです。なぜサービスは無料で提供できるのでしょうか？　公共サービスやボランティア的活動を除くと，そのからくりは大きく2つに分けることができます（図表9-4参照）。

図表9-4　サービスが無料とできる理由

理由1：他の収益源で収益を賄っている
　広告費：Google（検索等），LINE（SNS），価格.com（商品情報），
　　　　　YouTube（動画），tenki.jp（天気予報）
　掲載料・契約成立料：ぐるなび（飲食），マイナビ（求人），スーモ
　　　　　（不動産）
　その他：Wikipedia（寄付）
理由2：少数の有料会員でサービスを提供する企業の利益を確保できる
　ツール：Zoom（オンライン会議），Dropbox（オンラインストレージ），
　　　　　ウェザーニュース（天気予報），NAVITIME（乗換案内）
　情報サイト：クックパッド（料理のレシピ），YouTube（動画），
　　　　　NewsPicks（ニュース）

（1）　広告モデル

　まず，無料で提供されるサービスの代表として広告モデルを確認しましょう。
　みなさん，サービスを利用していて広告を煩わしいと思うことがあると思いますが，サービスを無料で使えるのは広告主がサービスの対価を賄っているた

めです（**図表9-5**参照）。

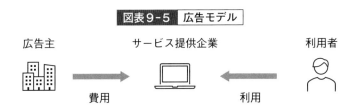

図表9-5　広告モデル

　このモデルは，以前からあります。たとえば民放のテレビ局の番組がそうです。無料でテレビ番組を見られるのは広告収入で番組制作が行われているためです。雑誌等でも安く販売されているのは，広告のおかげだったりします。

　無料でサービスを利用したい人を増やすことができれば，広告を出稿したいと考える企業も増えてくるので，利用者，広告主，サービス提供企業にとってお互いにメリットのある関係を作り上げることができます。先述のインターネット上のペイドメディアが発達してきたのもこのビジネスモデルが基本となります。

（2）　フリーミアム

　フリーミアムとは，「基本的なサービスを無料で提供することで顧客を獲得し，高度な機能を必要とする顧客に料金を課金するビジネスモデル」のことを言います。「フリー」（Free，無料）と「プレミアム」（Premium，割増）という，2つの価格設定方法を組み合わせた用語となります。

　無料だと新規顧客を獲得しやすいですし，サービスがなくてはならないものと考える利用者が一定数いるなら，有料顧客向けに機能を差別化し費用を払ってもらうことでサービス全体が成り立ちます。実際には5％程度の有料ユーザーでサービスを成立させる必要があると言われています。

　たとえば，オンラインストレージのDropboxの有料ユーザーは，全体の2.5％程度だといわれています[13]。文章中心の多数の無料ユーザーに対し，動画や画像を扱う一部のヘビーユーザー，また他の方との共同作業でファイルの共有が必要なユーザーが有料会員となって，全体のサービスが成り立っています（図

表9-6参照）。

図表9-6　フリーミアムDropboxの例

無料ユーザー 容量：2GB	有料ユーザー (全体の2.5%程度といわれている) 容量：2TB
文章中心 他の方のファイル参照	¥1,200/月 画像，動画 大量のドキュメント 他の方とファイル共有

　このようなフリーミアムのサービスが成り立つためには，無料の利用者が増えたとしても，サービス提供に追加コスト（変動費）が少ないことが前提となります。そのため，フリーミアムはデジタルサービスにマッチした価格設定方法となります（図表9-7）。

　先のDropboxのようなストレージサービスを例にとると，無料利用者が増えてもサーバーのストレージを少し増やす程度となるので，それほど追加コストはかかりません。原価率5％（粗利率95％）のサービスがあったとすると，20人のうち1人が有料で契約していれば残りの19人まで無料の利用であっても収益的に赤字とはなりません。

　収益面について詳しく確認するために，図表9-8に示すように，ほぼ固定費で構成されるビジネスを考えてみましょう。100万人が利用したとき固定費が8億円だとしたら，1万円のサービスを10万人に提供できれば2億円の利益が出ます。

　デジタルサービスは，初期のコストが高くなることが多いですが，ユーザー追加によるコストが少ないサービスは成功するものが多数あります。通常のモノによる商品では，原価率が高いためこのようにはいきません。

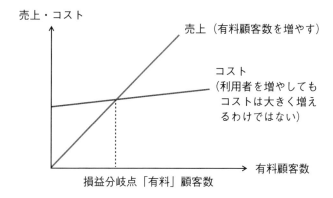

図表9-7　フリーミアムの収益構造

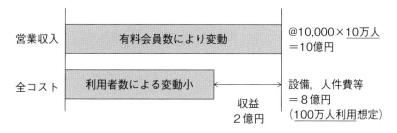

図表9-8　フリーミアムの収益モデル

　また，フリーミアム会員は，後述のサブスクリプションモデル同様，価値を感じているプレミアムユーザーには継続的に対価を払ってもらえる可能性が高いです。一般的な商品のように一度きりの取引ではないため，一度有料会員となってもらえると収益的な貢献も大きくなります。インターネット上のデジタルサービスは赤字のサービスも多いですが，将来的な収益を確保できることから，株価を高く保てるからくりがこのあたりにあります。

　ただし，フリーミアムにも死角はあります。固定費の大きな収益モデルが，逆に問題となる場合が多いです。会員数を増やせない，また有料会員への転換が進まないとなると，ビジネス自体が収益的に成立しません。無料と言っても初期のサービス利用者を集めることも簡単ではありません。無料サービス自体でも価値があること，そのうえで有料サービスが一部のユーザーにとって機能

差があり魅力的であることが重要となります。

　このようにリスクの高いビジネスでもあるため，提供するサービスの設計や有料会員の価格設定が成功のカギを握ります。

3　定額サービスの拡大　―サブスクリプション

　デジタル時代のサービスにはもう1つ主力となる価格戦略があります。それがサブスクリプションです。サブスクリプションは，「契約後，定額料金でサービスを提供するビジネスモデル」となります。

（1）　定額サービスは昔からある

　定額サービス自体はずっと昔からあります。たとえば，新聞やスポーツジム等が挙げられます。交通機関の定期券もそうですし，よく似たものに設備とかのリース契約というものもあります。英語では，これら定額サービスを契約することを"subscribe（サブスクライブ）"といいます。

　では，デジタル時代に話題となるサブスクリプションはこれまでの定額サービスと何が違うのでしょうか？

　たとえば，使い放題である，好きな時に契約を解除できる，所有から利用に変わった等，これまでの定額制との違いが述べられることがありますが，内容によっては類似のサービスは以前からも存在していました。デジタル時代の定額サービスのこれまでとの本質的な違いは大きく2点あります。

　1．コンテンツやサービスがデジタル化されることで，いくら使っても
　　サービス提供に関わるコストはほぼゼロ
　2．顧客の利用状況をデータ化することで，より良いサービスに改善でき
　　る

　1つは，コンテンツ自体がデジタル化されると，サービス提供に関わるコストがゼロに近くなったことです。典型的な例として，音楽（iTunes）や映画（Netflix），新聞記事（日経ビジネス）等が挙げられます。**デジタルコンテンツは複写が容易なため，いくらサービスを使っても変動的な費用はほとんどかかりません。さらに，物理的な世界も含めて極限まで効率化されると，「限界費用ゼロ社会」が実現されるとまで述べられたりしています[14]。

　もう1つは，データを用いて顧客の満足度を維持することで，これまで定額では利用できなかった価値あるサービスが提供できるようになったことです。こちらも同じく，音楽や映画，雑誌記事等が典型的な例として挙げられます。これらのサービスは顧客の利用履歴に応じて，コンテンツの推奨を行っています。また，皆さんお使いのMicrosoft OfficeやZoomも典型的な事例となります。ソフトウェアの柔軟性を活かし，何カ月かに一度の機能改善があり使いやすさを向上させ，多くの顧客にとっての利用価値を向上させています。

（2）　サブスクリプションの収益モデル

　最近は，デジタルサービスだけでなく，自動車（KINTO），おもちゃ（トイサブ！），カバン（ラクサス）のように，途中で新たな商品に交換できるサブスクリプションも出てきました。ただ，モノとしての商品はビジネス上の難しさがあるようです。すでに，サブスクリプションから撤退した企業もあります[15]。

　これら撤退した企業にはいくつの共通する問題があると考えられます。すぐに飽きてしまった，つまり価値を維持できないというのもありますが，収益モデル上の問題もあります。これはモノである商品をサブスクリプション化したためです。

　たとえば，**図表9-9**で考えてみましょう。

　サービスを契約し，継続して使ってもらうためには，顧客を獲得するコスト（CPA：Cost Per Acquisitionといわれます）と顧客維持コスト（たとえば利用促進策など）がかかります。契約上は定額なので，収益化されるまでの期間を超えて契約してもらう必要があります。

　サブスクリプションで問題となるのは，顧客獲得コストではなく顧客維持コストです。継続期間が短く顧客獲得費用を回収できない，もしくは顧客維持に関わるコストが高すぎることの2点です。

　具体的には，1つ目の問題として，新規のサービスや商品が提供されない場合，顧客が飽きてしまい（サービス利用価値が低減），収益化される前に解約されてしまうことになります。

　もう1つの問題は，新しい商品への乗り換えが早い，もしくは1回使われた商品の再利用ができない場合，サービス維持に関わるコストが割高となり，いつまでたっても収益化されないリスクがあります。たとえば，男性のスラックスを考えてみましょう。男性スラックスは，ウエストとズボン丈を体型に合わせる必要があります。顧客によって，それぞれのサイズがまちまちになると，利用後にスラックスを返却されても，次のユーザーが利用することが難しくなります。そうすると，1回しか利用されないスラックスが発生し，コスト的には割高となってしまいます。一方で，再利用が難しい商品は高いサービス料を設定するしかないので，思うように顧客を獲得できないというリスクが高まります。

　すでに撤退したサービスの中には，サービスの設計上，これら2つのどちらかが問題となっているようです。

　以上の理由からも，モノのサブスクリプションよりデジタルサービスのサブスクリプションのほうが収益的に有利であることがわかります。デジタルサービスのほうが，顧客のニーズに対してアップデートしやすく，個々の顧客の趣向に対してデータをもとにしたカスタマイズがしやすく，また，サービス維持に関わるコストは，サービスの利用回数や顧客数によらず少なくて済みます。

　多くのデジタルサービスがサブスクリプションで提供される理由はこのあたりにあります。

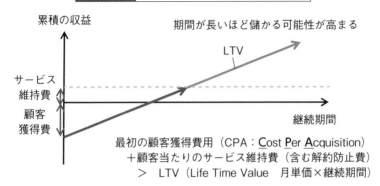

図表9-9　サブスクリプションの収益モデル

最初の顧客獲得費用（CPA：Cost Per Acquisition）
＋顧客当たりのサービス維持費（含む解約防止費）
＞　LTV（Life Time Value　月単価×継続期間）

まとめ

- ●顧客が買ってもよいと思える価格を「Willingness To Pay（WTP）」といいます。また，WTPの変化を察知し，収益を最大化できる価格を設定することをダイナミックプライシングと呼んでいます。

- ●サービスが無料で提供されるのは，他に費用を負担する企業（たとえば広告主）がある場合，もしくは特定の有料顧客でサービス全体が成り立つ場合（フリーミアム）などがあります。フリーミアムは，デジタル化により変動費が少ない場合に適した価格設定方法です。

- ●サブスクリプションは定額でサービスを提供する価格戦略の1つです。サービス継続にかかるコストが小さいことを前提として，データを基にして常にサービスの改善を行うことが重要となります。こちらも，デジタルサービスに適した価格戦略であるといえます。

第10章

デジタル戦略の発展

　これまで，４Pを軸に個別の戦略を見てきましたが，デジタルマーケティング戦略の応用編として近年注目されている２つの戦略を見ていきましょう。

　１つはプラットフォーム戦略です。GAFAに代表される巨大なプラットフォーマーと呼ばれる企業が出現しています。プラットフォーマーがなぜこれほど巨大に成長したかの理解のもと，デジタル面の戦略を考えていきます。

　もう１つは，店舗の戦略となります。店舗はECサイトに押され気味ですが，既存の小売業も手をこまねいているわけではありません。オムニチャネル，Ｏ２Ｏ，OMOといった戦略の変化からデジタルマーケティングのトレンドを見ていきます。

1　プラットフォーム戦略

（1）　プラットフォームとは

　プラットフォームとは，もともと「台」，「壇」，「舞台」などの意味を持ちます。身近な例では，駅のプラットホームが名前通り「台」そのものを意味します。

　また，自動車で複数車種の共有の土台となる基本構造や，情報システムのOS（Operating System）もプラットフォームと呼ばれています。自動車や情報システムの例では，プラットフォームの上に乗せるエンジンやアプリケーションのための標準的なルールを定めることで，さまざまな形態の商品やサービスを提供する戦略がとられています。

　さらに，ECサイトもオンラインプラットフォームと呼ばれることがあります。これは商品の売買等，取引のための土台となる場を提供しているためです。

　最近注目を集めているプラットフォーマーも，プラットフォーム上でさまざまな企業や個人が，商品や情報を取引（または交換）するための土台を提供しています。ただ，旧来のプラットフォームの発想と異なるのは，プラットフォーム上のネットワーク効果にあると言われています。

（2）　利用者が利用者を呼ぶ―ネットワーク効果

　プラットフォーマーの戦略を説明するうえで，「ネットワーク効果」の理解が必要となります。ネットワーク効果とは，たとえばサービスの利用者が増えるとサービス自体の価値が高まり，さらに利用者が増えていくことを言います。本人以外の参加者の数にサービスの価値が影響されることから「ネットワークの外部性」とも呼ばれます。

　典型的なネットワーク効果の例がSNSとなります。図表10-1に示す2つのSNSを見てみましょう。どちらか1つのSNSに参加することを考えると，おそらく，多くの方が多数の人とつながることができるSNS（図の右のSNS）に参加するのではないでしょうか？　多数派のSNSにさらに参加者が増えると，さらに多数派のSNSに参加する魅力度が高まります。

図表10-1　SNSとネットワークの価値

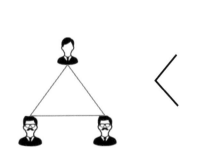
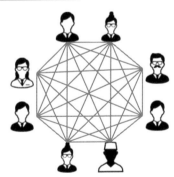

2人としかつながらないSNS　　　　たくさんの人につながるSNS

このように，参加者が増えると価値が高まり，さらに参加者が増えることをネットワーク効果と呼びます。このメカニズムを図示すると**図表10-2**のようになります。ここでは，利用者と利便性の間にある「＋」のフィードバックが重要となります。「＋」のフィードバックが続くと，その循環構造から，雪だるま式に利用者が増えていくことがわかります。

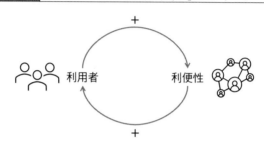

図表10-2 ネットワーク効果に働く「正」のフィードバック

　Steemitは，ある製品が5,000万ユーザーを獲得するまでに時間はどのぐらいかかるのかを公開しています[16]。自動車が62年，クレジットカードが28年，テレビが22年とだんだん短くなってきます。さらに，コンピューターが14年，携帯電話が12年，インターネットが7年となります。

　対して，Facebookは1,325日，Twitterが1,096日，LINEは399日となります[17]。SNSはネットワーク効果により，あっという間に5,000万ユーザーを獲得していることがわかります。なお，Steemitの資料によるとPokémon GOは19日と言われています。ネットワーク効果の威力は，このような現象からもわかります。

（3）　利用者数が商品・サービス提供者を呼ぶ
　　　　―サイド間ネットワーク効果

　プラットフォーマーの戦略を理解するには，もう1つのネットワーク効果を理解する必要があります。

　たとえば楽天市場を見てみましょう。楽天市場では，プラットフォーム上で

売り手と買い手が取引を行っています。このような複数関係者が参加するプラットフォームをプレーヤーの分類数に沿って，ツーサイドプラットフォーム，もしくはマルチサイドプラットフォームと呼びます。

　このようなツーサイドプラットフォームを形成する楽天市場において，利用者が増えれば，楽天で出店しようと考える商品・サービス提供企業が増えます。また，楽天で出店する企業が増えれば楽天で商品を探そうと考える利用者も増えていきます。このように片方の数が増えればもう一方の数が増えることを**サイド間ネットワーク効果**と呼びます（図表10-3）。

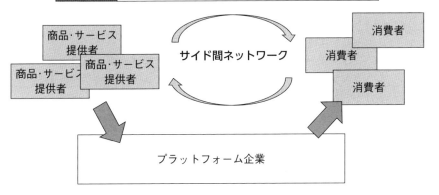

図表10-3　プラットフォーム企業とサイド間ネットワーク効果

　プラットフォーマーは，1つ目の利用者間のネットワーク効果（サイド内ネットワーク効果）と利用者と取引者間のネットワーク効果（サイド間ネットワーク効果）が働くことで巨大な企業に成長しています。サイド内ネットワーク効果の代表例としてSNS（LINEやFacebook），サイド間ネットワーク効果の代表例としてマーケットプレイス（楽天，旅行サイト）やオークションサイト（メルカリ）が挙げられます。

　2つのネットワーク効果は以前からありました。電話（利用者間のネットワーク効果）や百貨店（来場者とテナントのサイド間ネットワーク効果）もありましたが，デジタル時代のほうが，スマホのアプリなどを通じて圧倒的にユーザー数を拡大させることができるようになりました。

シェアリングという新たな発想

　プラットフォームの役割は商品の販売やサービスの提供だけではありません。サービスと顧客のマッチングを考えるなら，商品の販売にこだわる必要はありません。

　基本的に物理的資産は，利用されていない不稼働の時間が多い場合があります。典型的なものとして自動車や高級バッグ，余剰の家屋が挙げられます。もちろん所有することの喜びがありますが，これらの物理的資産は利用されていない時間が長く存在します。その場合，他の方と共同で利用することで物理的資産の有効活用の機会（時間）を増やすことができます。

　典型的な例としてタイムズのカーシェアリング（自動車），カバンのラクサス（高級品），民宿のAirbnb（部屋）等が成功モデルと言われています。シェアリングでは，このように資産効率を上げることができるマッチングサービスを構築することが重要です。

　実際，シェアリングサービスでは，サイド間ネットワーク効果が働く構造になっています。ユーザーが増えると，提供商品を増やすことができるため，雪だるま式に成長する可能性があります。さらに，提供者が自社ではなく，第三者である場合，AirbnbやUber Eatsのように成長が加速していくことがあります。

（4）　プラットフォーマーは小さな課金から巨大な収益を生み出す

　プラットフォーマーが巨大に成長したのは利用者や商品・サービス提供者を引き付けたからだけではありません。何らかの方法で収益を獲得していくしくみが組み込まれているためです。プラットフォーマーが収益を獲得する方法にはいくつかのパターンがありますが，基本的には規模を活かして小さな収益を集約する方法がとられています。

　1つ目に，個々の取引に課金する方法があります。もちろん自社で商品やサービスを提供することもできますが，これはECサイトの役割として置いておきましょう。わかりやすいのが第7章のECサイトの章でも紹介したマーケットプレイスです。マーケットプレイスは売り手と買い手を仲介する役割を持ちます。たとえば取引金額に対して2％の課金だとしても，1兆円の売上があれば200億円の収益を得ることができます。サイド間ネットワーク効果が高まるとプラットフォームからの巨額の収益が生まれます。

　2つ目は第9章のプライシング戦略で紹介した広告モデルです。代表的なのはSNSの顧客属性，またGoogleの検索に連動した広告となります。ユーザーにとってインターネットの入り口（ポータルとも呼びます）であり日々アクセスするSNSや検索サイトは，企業ホームページへ誘導するために，なくてはならないものとなります。たとえ1クリック10円の小さな課金であったとしても，日々100万人がクリックするとしたら，1日当たり1,000万円の収益を得ることができます。

（5）　プラットフォーマーはさまざまなサービスを統合する

　プラットフォーマーの収益源は，広告や取引への課金だけではありません。LINEやYahoo！のように，インターネットの入り口（ポータル）としての役割を担う企業は，大量の顧客IDを活かしてサービスの種類を増やすことで新たな収益源を確保しています。プラットフォーマーは，多様な収益化の機会に恵まれているといえます。

　たとえば，いい戦略かどうかの議論はありますが，多数の顧客IDを獲得できているのであれば，他社よりサービスの提供が多少遅れても問題ありません。儲かっている新規ビジネスをコピーして自社のビジネスに取り込めば，メインストリームとなるユーザーに認知され，そこそこの収益を確保することが可能となります。たとえばクレジットカードやポイントなどの決済に重要な情報を押さえているプラットフォーマーは，これら機微情報を複数サイトに拡散したくないユーザーにとっては，第一の取引先となります。多少サービス的に劣っていても，利用しているプラットフォーム上に取引を限定したいユーザーもいます。実際に日本国内での二次元コードの決済サービスは，多くのプラット

フォーマーが参入してきましたが，巨大なプラットフォーマーのサービスに集約されていく傾向にあります。

　このように，プラットフォーマーは，顧客ID数の優位性を利用してトレンドのサービスを追加することで，収益力を拡大することが可能となります。自社でサービスを提供するだけでなく，先行する企業の買収や，他社との提携によるサービスの幅の拡大も選択肢となります。つまり，**サイド間ネットワーク効果**の働くサービスをどんどん追加していく戦略です。スマホでも，多くのサービスを1つのアプリから提供できるように**スーパーアプリ化**[18]すると，その競争力は他社が簡単には追い着けない状態になります。

　例えばLINEのサービスの展開を示すと**図表10-4**のようになります。LINEはネットワーク効果により，2022年時点で国内8,000万人を超えるユーザーを抱えています（図表上のメッセンジャープラットフォーム）。ターゲットユーザーの異なるサービスも含まれますが，LINEでは図表に示す多様なサービスの展開を行っており，さまざまな収益源を持っていることがわかると思います。同様に，楽天やYahoo！も幅広い商品・サービスの展開に積極的です。

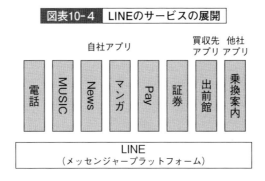

図表10-4　LINEのサービスの展開

Amazonはなぜ巨大なのか？

　Amazonは，巨大な顧客ID数に対するいくつもの収益化の道筋を持っています。1つは，初期のAmazonがそうですが，Amazonに商品を提供しようとする仕入先を引き付ける魅力度です。2つ目は，さまざまな商品やサービスの販売となります。Amazonプライムがサービス面の拡大を加速しました。

　3つ目は，Amazonはマーケットプレイスも展開していることです。現在売上の6割近くはAmazonが仕入れた商品以外からのものとされています。このように第三者の出店が増えると，4つ目の広告収入も巨大となります。現在米国での企業の広告収入は，Google，Facebookに次いでAmazonとなっています。

　このように，多様な収益化の機会が生まれることで巨大な企業が生まれることとなります。

　参照：ジェフ・ベゾス他（2021）『Invent & Wander―ジェフ・ベゾス Collected Writings』ダイヤモンド社

（6）　プラットフォーマーは情報とサービスの品質管理が重要

　プラットフォーマーはネットワーク効果の波に乗って市場を独占することも可能ですが，いくつかの死角があります。プラットフォーマーが特に注意する必要があるのは，たとえばSNSであれば情報の質，マーケットプレイスであれば商品・サービスの品質の維持です。

　SNSの利用者が増えると，SNS上に嘘や偏った情報が流れることがあります。このような不当な情報が気になる利用者は，SNSから離れていってしまうかもしれません。これは，図表10-5に示すような，利用者に対して「負」のフィードバックをもたらし，ユーザー数を減少させる力を持ちます。プラットフォーマーはSNSやECサイト上の口コミに対してとても神経を使う理由がわ

かると思います。

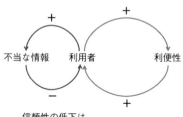

図表10-5　プラットフォームに働く「負」のフィードバック

信頼性の低下は
利用者の減少となる

　これは，プラットフォーム上の商品やサービスについても言えます。品質の悪い商品やサービスが増えると，プラットフォームを利用しないユーザーが増えてきます。さらに，このようなプラットフォーム上では，いい商品・サービス提供している企業も出店を停止してしまうかもしれません。プラットフォーマーは，常に情報や商品・サービスの品質維持に努める必要があります。

　また，SNSは世代別にユーザー層が形成される傾向にあります。ネットワーク効果からあるSNSがユーザー数を拡大すると，他のSNSの成長の機会が削がれるようにも見えます。しかしSNSにおけるユーザーがある年代層に偏ると，新たにSNS世代となるユーザーにとって，上の年齢層の世代とSNS上のネットワークを作りたくない世代が現れるかもしれません。実際に国内では，10年以上運営されているFacebookの年齢層は高年齢化しています。若い世代はTikTokのような比較的新しいタイプのSNSへ移行していきます。もしかすると，これからSNSを始める世代は，上の世代と違った新たなSNSに集まっていくかもしれません。ネットワーク効果があるからと言って，あるSNSが永遠にユーザーを独占する状態となるわけではありません。

（7）　個人情報規制とプラットフォーマーへの非難

　もう1つプラットフォーマーの死角を述べると，プラットフォーマーの社会への影響力が巨大になりすぎたことです。

　プラットフォーマー一人勝ちの世界（WTA：Winner Takes Allといいます）

が実現されると，社会的にはとても問題となります。つまり，競合企業が排除されていく結果となり，新規サービスの参入を阻害し，適切な競争がされていない状態となっているからです。また，中国の企業（たとえばアリババ）のように個人が評価（レーティング）されるしくみにまで及ぶと，社会的な影響が国の統治を超えるものとなり，利便性が高いからと言っても無視できない存在にまでなってしまいます。

　巨大な顧客データベースを用いたプラットフォーマーのサービスは顧客に多大な価値を提供している反面，社会的な負の影響力も大きなものとなります。欧州ではGDPR（General Data Protection Regulation：一般データ保護規則）という個人情報保護に対する厳しい規制もありますし，米国でもCOPRA（Consumer Online Privacy Rights Act：消費者オンラインプライバシー法）があります。国内でも個人情報の保護に関する法律により，たとえば個人情報取得利用の同意（オプトイン）に対する規制が示されています。これらの法律により，プラットフォーマーの競争力は弱まっているわけではありませんが，プラットフォーマーに対する警笛としては機能していると考えます。

　上記以外にもSNSのアルゴリズムによって利用者が受け取る情報に偏りを生じ，社会の分断を生み出すという批判もあります[19]。

2　デジタル時代の店舗戦略　オムニチャネル，Ｏ２ＯからOMOへ

（1）　旧来型の小売ビジネスは曲がり角にある
　　　―ショールーミングという課題

　EC化の進展により，遠い先には店舗での小売ビジネスはなくなるかもしれないと思われる方もいらっしゃるかと思います。Amazonの市場拡大により，確かに町の書店はずいぶん少なくなりました。一方で，コンビニエンスストアや食品スーパーは国内売上を維持しています。また，ドラッグストアは，毎年，市場を成長させています[20]。

　店舗による小売市場が維持されているのは，まだまだ店舗に有利な商品があ

るためです。これは前掲の**図表7-3**の商品分類ごとのEC化率でもわかると思います。EC化しやすい商品特性を再掲すると，以下のようになります。

- どこで買っても商品の機能や品質が変わらない
- 購入前に仕様や価格を確認できる

これにプラスして，生活必需品や食品・飲料のように今すぐ手に入れる必要がない商品はECサイトで購入されることが多くなります。コンビニエンスストア，食品スーパー，ドラッグストアの市場が縮小しないのは，今すぐ手に入れたい商品を販売しているからでもあります。24時間営業の店が必要になるのも，今必要な商品があるからだと考えられます。

このような状況において，「今すぐ手に入れる必要がないもの」を中心に販売している百貨店業界は現在苦しい状況にあります。1991年には国内10兆円規模の売上がありましたが，2021年時点では，6兆円程度にまで減少しています[21]。

ところで，百貨店で販売される商品は，「今すぐ手に入れる必要がないもの」ではありますが，「事前に仕様や価格が確認できる」わけではありません。では，商品を確認したいという要求があるのに，なぜ百貨店の売上が落ちていくのでしょうか？　その理由の1つに「ショールーミング」があります。

たとえば高価なアパレルは，できれば店舗で質感やデザインを確認したい商品です。でもインターネットで安く売られているなら，そちらから購入したくなります。よく使うECサイトのポイントが貯まっているかもしれません。すると，店舗で品質を確認してインターネットで購入するという購買行動をする人が増えてきます。百貨店内の店舗にとっては，高いテナント料を払って商品を展示しているのに，別のところから購入されてしまうと，何のために店舗を持っているのかわからなくなってしまいます。このような社会現象をショールーミングといいます。

（2）　小売のデジタル化はECサイトだけではない

小売のデジタル戦略を理解する第一歩として，小売のさまざまな機能がどのようにデジタル化されてきたのかをまず確認しておきましょう。

> 店舗販売　→　ネット販売
>
> 展示商品　→　ネットのカタログ
>
> 新聞広告，チラシ　→　インターネット広告，メール広告
>
> 紙クーポン　→　電子クーポン
>
> スタンプカード　→　電子ポイント
>
> 現金　→　二次元コード等の決済手段

　ECサイトの拡大をきっかけに，広告，クーポン等，さまざまなものがデジタル化されてきました。ただ，デジタル化されたものはECサイトのものだけではありません。確かにスマホが登場する以前はPC上の話でしたが，誰もがスマホを持ち歩くようになると，場所を選ばずデジタルな環境にアクセスできるようになります。そのため，これまで店舗中心だった小売も，デジタル化が遅れると，他の店舗やネットに顧客を奪われてしまうかもしれません。非常に厳しい対応を迫られていると言ってもいいでしょう。

（3）　ECサイトの出現とオムニチャネル化

　2000年を前後して，現在国内でも主力となるAmazonや楽天等のECサイトが事業を開始します。当初は限られた商品の販売だけでしたが，取り扱う商品カテゴリーを増やしどんどん市場規模が拡大してきました。

　このようなトレンドに対抗するために，GMS（総合スーパー）や百貨店業界もECサイトに参入していきます。ただし，当時は店舗とECサイトは別の事業として扱われていたため，同じ企業であってもチャネル同士で顧客や売上を奪い合う状態でした（カニバリゼーションとも言います）。

　このような状態では，1つの企業として顧客に十分なサービスを提供しているとは言えません。バラバラのチャネル運用という課題に対し，店舗とECサイトとを連携して事業を運営していく必要性に迫られることになりました。その際，現れたコンセプトが「**オムニチャネル**」となります。

　オムニチャネルとは，「あらゆるチャネルとメディアで顧客との接点を作り，購入の経路を意識させない販売戦略」のことを言います。

　旧来は，図表10-6の左図にあるようにチャネル間で連携できていないケースがほとんどでした。たとえば，販売している商品の種類は当然として（棚のスペースの関係もあり），顧客カードやポイントなどもチャネルごとに準備されていました。そのため，顧客にとっては，チャネルが変わるとポイントが使えない等の不便さがありました。一方の企業にとっても，いくつもの不都合な問題があります。

- チャネル全体での優良顧客を把握できない。また，有効なプロモーション施策を打ちにくい（たとえばバラバラに重複したメールマガジンが届く）
- ポイント等がチャネル別だと，顧客を囲い込めない
- 商品分類，または商品単位の販売状況がチャネル横断で集計できない
- 物流，情報システム，決済手段を重複して準備しなくてはならない

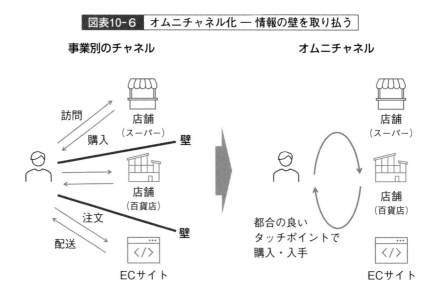

図表10-6　オムニチャネル化 ― 情報の壁を取り払う

　このように，事業ごとにチャネルを設けるのは，顧客にとっても企業にとっても，とても非効率なのです。オムニチャネルでは，図表10-6の右図のように，チャネル間の情報の壁を取り払い，顧客，商品，取引に関する情報をシー

ムレスにつなぐことを意図しています。そのことで，顧客に統一したプロモーション策（ポイントやクーポン等）を実現できるだけでなく，同時に事業運営の効率化も目指されました。言い換えると，せっかく自社の顧客になってもらえたのなら，次に商品を買う場合は，他社のチャネルではなく，自社が保有するチャネルで満足いく購買体験をしてほしいということになります。ショールーミングの対策の１つになるかもしれません。

　後述のO2OやOMOに向かうためには，オムニチャネル化は事業運営の前提となります。

　このように，複数チャネルを顧客や商品の販売情報で統合していくことは，とてもメリットがあることがわかります。ただし，現実には，現在の事業運営のしくみを大きく変更しなくてはならず，複数の流通経路を持つ企業では，うまくオムニチャネル化が進んでいないケースもあります。

　理由として，組織変革の難しさが原因となります。そのため現時点では，理想とするオムニチャネルまで多くの企業が到達できていないと考えます。

- 組織（部門）の壁はやはり高い。やはり，自分たちのチャネルの販売成績を上げたい。
- 顧客へのプロモーションはどの組織がイニシアチブをとるのか？
- そもそも，商品コードや顧客IDが異なるが，どうやって統合するのか？

セブン＆アイ・ホールディングスのオムニチャネル戦略

　積極的にオムニチャネルに取り組んだ企業として，セブン＆アイ・ホールディングスがあります。コンビニエンスストア，GMS（総合スーパー），ECサイト，食品スーパー，レストランと，グループ内にさまざまなチャネルを持っています。つい最近までは百貨店もグループの傘下にありました。これだけ複数のチャネルがあると，スーパー等の出店地域においては，買い物はすべてセブン＆アイグループで事足りるように思えます。

　ただ，2010年ぐらいまでは，グループと言ってもそれぞれが

独立した会社のような事業運営を行っていました。それが，ECの成長が無視できないようになってくると，新たなチャネルを設ける必要が出てきます。そして，ネットとリアルを結び，オムニチャネル化を進めることになります。

　2023年1月までは，チャネルを横断したECサイトとして，omni7が運営されていました。チャネル以外でも様々な施策が統合され，プライベートブランド商品のセブンプレミアム，電子マネーのnanaco等，グループを横断した施策については成果が出ているようです。ただ，チャネルの融合という意味では，まだまだそれぞれのチャネルの個性が強く出ているかもしれません。これは，異なる顧客層の体験を無理に共通化したりつなげたりするのはあまりにも複雑すぎることもあり，それぞれのチャネルの良さを生かす方向にあるということを示しているとも考えられます（残念ながら本書執筆時点でomni7は総合通販サイトとしての役割を終えました）。

　　参照：セブン＆アイ・ホールディングス「対談：イノベーションの視点」
　　https://www.7andi.com/company/conversation/1308/1.html（2022年
　　12月アクセス）

（4）　ネット広告とO2O

　オムニチャネルのようにネットとリアルを区別することなく販売できることを目指す企業がある一方，店舗に顧客を誘導するためにネットの力を活用していく動きがあります。これがO2O（Online to Offline）という施策になります。

　O2Oとは，ネット（オンライン）から，リアルの店舗（オフライン）に誘導する施策のことを言います。先ほどのオムニチャネルでも「あらゆるチャネルとメディアで顧客との接点を作り」と述べましたが，O2Oはメディア面，具体的にはプロモーション策の1つとして捉えるとわかりやすいと思います。その意味では，オムニチャネルの一施策と言えるかもしれません。

　具体的な施策には，メールマガジン等で配信される店頭でのイベントや店舗限定商品の案内，またスマートフォンのGPSと連動したチェックインクーポンの配信などが挙げられます。言葉のとおり，いかにネットの力を借りて顧客を店舗に呼び込むかということになります。O2Oが言われた当時は，多くの人がSNSを利用しているわけではなかったこともあり，施策としては限定的なモノでした。

　これらの施策を推進するためには，顧客のメールアドレスやアプリの登録が必要となります。つまり，アカウントを登録した顧客は，商品やブランドに興味があると考えられるので，有効なプロモーション策が実施できることになります。旧来の直接売上を上げるためという発想から，顧客のIDを獲得するのが重要なマーケティング上の施策として強調されるようになってきました。現在でも，「アカウント登録したら無料で……」という二次元コードを見たことがあると思います。これも，顧客との接点を獲得するための重要な施策であることがわかります。O2Oの流れを汲む施策です。

図表10-7　O2Oで何が変わった

旧来の店舗プロモーション	ネット時代の店舗プロモーション
チラシ 新聞広告	クーポン 商品情報の発信
ターゲットは マスor 地域	ターゲットは個人 （過去に購入アプリを利用）
費用の割には 店舗に誘導できない	ファンやブランドに興味ある人 に対してダイレクトにアクセス 費用対効果が高い

**一言でいえば，オムニチャネルを前提とした
ネット時代のプロモーション戦略の１つ**

（5）　最終的に目指す姿はOMO

　オムニチャネルもO2Oも，どちらかというと店舗ありき，商品販売ありき

の発想となります。それだけで顧客体験を十分に高めていると言えるでしょうか？

　現代は，スマホの普及により「オールウェイズ・オン」の世界が到来したといわれています。顧客が望むなら，SNS等を通じて常時顧客とコミュニケーションをとることが可能となりました。その延長線上で，さらにネットの活用を進め，デジタルの世界を主体として，これまでのフィジカル（物理的な店舗や商品）な世界を取り込む形で顧客体験を向上していこうとする考え方がOMO（Online Merges with Offline）と言われているものです（図表10-8）。

　これまでの小売の世界観は，フィジカルなモノ中心の世界（店舗や商品）でした。モノとしての商品を売るために企業がさまざまなマーケティング施策を展開してきました。対して，現在はデジタルな世界観の中にこれまでのフィジカルな領域があるというコト中心の世界観に変わりつつあります。典型的な例は購入した商品をSNS上でシェアするとか，ネットで口コミを確認しつつ商品を利用する（購入するではないかもしれない）という発想です。

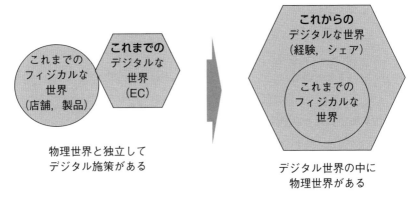

図表10-8　これまでのデジタル施策とOMOの世界観の違い

これまでの
フィジカルな
世界
（店舗，製品）

これまでの
デジタルな
世界
（EC）

物理世界と独立して
デジタル施策がある

これからの
デジタルな世界
（経験，シェア）

これまでの
フィジカルな
世界

デジタル世界の中に
物理世界がある

出所：藤井保文，尾原和啓（2019）『アフターデジタル　オフラインのない時代に』日経BP

　このような発想の転換は，SNSや動画に代表されるデジタルな世界だけでなく，サブスクリプションのような価格戦略に代表される，さまざまなサービス化の流れに起因します。また，第7章で紹介した，ネットオンリーだったD2Cに代表されるビジネスモデルにおいても店舗を持つことに関心が集まったのも，オンラインとオフラインの融合に理由があります。D2C企業を代表例として，どちらかというとネットオンリーで商品の販売やサービスの提供を行ってきましたが，逆にフィジカルな世界と顧客の接点をどう持つかという発想で施策が展開されてきています。

　そして，デジタルな世界の中でオフラインも含めた顧客体験を作り，もしくは第11章で述べるカスタマージャーニーを設計することが必要になってきました。具体的には，モノを購入するときに限定される企業と顧客の接点から，購入前，購入後も接点を持つことが重視される傾向にあります。言い換えると，収益を高めるためには，顧客の体験の質を向上させ，継続的な顧客との関係を通じて売上を高めるしくみ（LTV：顧客生涯価値の向上とも言い換えることができる）を実現することが望まれています。

図表10-9　顧客体験を高めるOMO

これまで：製品単体でしか価値を提供できない

商品

これから：経験全体で価値を提供可能に

デジタル接点　　　デジタル＋商品　　　デジタル接点

出所：藤井保文，尾原和啓（2019）『アフターデジタル オフラインのない時代に』日経BP

　少し補足すると，OMOを過度に高度なデジタルの世界と考える必要はありません。もちろん，物理的な商品の場合は，アプリを融合して顧客とつながることが理想的ですが，たとえば，店舗のモバイルオーダーや，これまでの紙のダイレクトメールをSNS上の告知に変えるだけでも大丈夫です。ポイントは，スマホを通じて常時ネットにつながる世界において，顧客との接点をいかに変えていくかだと考えてください。

まとめ

- プラットフォーマーは，利用者間，利用者と商品・サービス提供者間の2つのネットワーク効果を通じて成長してきました。
- プラットフォーマーにとって顧客基盤となるIDを獲得することが重要で，獲得した顧客基盤に対して多様なサービスを提供することで他社を寄せ付けない競争力を獲得できる。ただし，このような巨大化した企業は社会からの厳しい批判の目もあります。
- これまで別々のチャネルとして運営された複数チャネルを統合するコンセプトとしてオムニチャネルがあります。顧客にチャネルを意識させないことで顧客を囲い込む施策の1つです。
- オムニチャネルの基盤を通じ，デジタルなツールを使って顧客を店舗に誘導する手法として，O2Oが注目されました。ただし，O2Oの施策は，どちらかというと商品販売ありきの店舗への誘導という観点が強く感じられました。
- スマホを通じたオールウェイズ・オンの時代では，購買の前後の顧客の体験を重視する観点からOMOがコンセプトとして提示され，ネットとフィジカルを融合した顧客体験の設計が主流となりつつあります。

[第Ⅲ部の注]

1　経済産業省「電子商取引実態調査」より
　https://www.meti.go.jp/press/2021/07/20210730010/20210730010.html（2022年12月アクセス）

2　株式会社ZOZO　2022年11月9日　ニュースリリースより
　https://corp.zozo.com/news/files/pdf/Release_niaulab_20221109.pdf（2022年12月

アクセス）

3　Amazonとの違いは、「Shopify（ショッピファイ）とAmazon（アマゾン）の違いとは？　特徴やメリットを徹底比較」が参考になります。https://cilel.jp/blog/7385/（2022年12月アクセス）

4　これまで専門家や大企業しか利用できなかったデジタル技術を、小企業や一般人でも、安価にかつ簡単に使えるようになる社会現象を「民主化」と呼びます。過去には、PC、携帯電話、インターネットでの発信（BlogやSNS）、クラウドサービス等があります。現在、ECサイトの開設だけでなく、画像認識等のAIも民主化されつつあります。このようなデジタル技術の民主化が、社会やビジネスモデルに変化を生み出すことになります。一方で、このような民主化されたデジタル技術をいかに利用するかの倫理も問われる時代となってきました。

5　SONYは「メモリースティックウォークマン NW-MS7」を1999年に販売開始しました。iPodは2年後の2001年になります（Wikipediaより）。

6　代表的な主張として、シュンペーターは、イノベーションは既存の知識の「新結合」であるという言葉を残しています。さらに、マット・リドレーは、『人類とイノベーション：世界は「自由」と「失敗」で進化する』の中で、既存の知識を集め、たくさん試すことがイノベーションにつながると述べています。

7　「IDEO Design Thinking」https://designthinking.ideo.com/（2022年12月アクセス）

8　厳密には、SaaS（Software as a Service）プロダクトのように、利用者がセットアップやデータ投入を行い情報システムとして利用する場合（ソフトウェア自体の提供）と、スマホアプリのように個人が最低限の設定後利用できるもの（ソフトウェアを用いたサービスの提供）では利用形態がだいぶ違いますが、ソフトウェアを目的に応じて利用するという面では共通する点も多くなります。

9　均衡価格とは、需要曲線と供給曲線の交点、つまり、この数量・価格なら買ってもよい、この数量・価格なら売ってもよいという、それぞれの曲線の交点のことを言います。現実には、そのような理想的な環境はほぼないといわれています。

10　需要曲線は、価格が高くなると販売数が少なくなることが予想されるため、経済学では右下がりの曲線になると言われています。ただし、個々の商品でどのような曲線となるかは価格弾力性（価格を下げるとどの程度需要が増えるかの度合い）の違いとして表れ、ブランドや商品特性によって変わります。

11　たとえば、計算を単純化するために、原価率75％の商品があったとすると粗利率は25％となります。1個廃棄が発生すると、3個以上売らないと利益を確保でき

ません。売れ残りは，企業に大きな損失をもたらすことになるので，売り切る価格
設定は重要です。

12　福岡ソフトバンクホークス，ヤフーがリアルタイムで価格変動する「AIチケッ
ト」を2019年オープン戦より販売開始しました。座席シート単位で最適な価格の設定
が可能となっています。https://www.softbankhawks.co.jp/news/detail/00002066.
html（2022年12月アクセス）

13　https://goworkship.com/magazine/freemium-businessmodel/（2022年12月アクセ
ス）

14　ジェレミー・リフキンは『限界費用ゼロ社会〈モノのインターネット〉と共有型
経済の台頭』の中で，モノやサービスを1つ追加する際のコスト（限界費用）は限
りなくゼロに近づき，将来モノやサービスは無料となり，企業の利益は消失して，
資本主義は衰退を免れないとまで述べています。

15　2020年10月19日　日経デジタル　「サブスク成長の陰で国内撤退3割　消費者に
「疲れ」も」には，いくつかの撤退，もしくは休止中のサービスがあることが述べ
られています。

https://www.nikkei.com/article/DGXMZO65089880W0A011C2TJ1000/?n_
cid=NMAIL006_20201019_Y（2022年12月アクセス）

16　https://steemit.com/steemit/@johnnywingston/how-long-does-it-take-steemit-
to-hit-50-000-000-users--1502430927-1670258（2022年12月アクセス）

17　https://japan.cnet.com/article/35019647/（2022年12月アクセス）

18　「スーパーアプリ」とは，スマートフォン上でさまざまな機能を提供するアプリ
が，ポータル的な入り口から提供されることを言います。

19　エコーチェンバーやフィルターバブルという現象で説明されています。

20　経済産業省「商業動態統計」より。

21　日本百貨店協会資料より。

デジタルマーケティング戦略の立案と推進

第11章

顧客のペインからサービスの企画へ

　本章と次章では，顧客体験を向上させるサービス（ソフトウェアプロダクト）にも踏み込んで，企画から推進までの取り組みを紹介します。インターネット上の広告だけではどうしても一方的なコミュニケーションとなりがちです。顧客を特定し，製品やサービスを通じて双方向にコミュニケーションを行うためには，スマホのアプリを代表例としたソフトウェアプロダクトが必要になります。

　さまざまな施策を紹介するにあたり，まず，ソフトウェアプロダクトでよく用いられる市場の大きさを示す概念，SOM，SAM，TAM，そして市場に導入・拡大するための3つのフィットであるCPF，PSF，PMFについて確認します。これらの概念をベースとした，顧客の視点を通じて顧客体験を具体化するための方法として，ペルソナとカスタマージャーニー分析を紹介します。第10章で紹介したOMOを1つの理想と置き，顧客の製品・サービスの購入前後も含めた，顧客の体験をデザインしていく方法となります。

1　まず目指す市場は？

（1）　3つの市場

　製品・サービスのターゲットとなる顧客は，初期の導入段階と市場拡大の段階で異なる場合があります。具体的には，導入段階では，強くその問題の解決を望む顧客層に製品・サービスが受け入れられるかどうかがポイントとなるのに対し，市場拡大段階ではさまざまな顧客に対して多様な価値を提供できるかがポイントとなるためです。製品・サービスの展開に向けて，SOM，SAM，TAMの3つの市場で定義していくことになります。

図表11-1　SOM，SAM，TAM

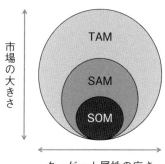

SOM（Serviceable Obtain Market）
製品・サービスに強く価値を感じてもらえる市場の
大きさ

SAM（Serviceable Available Market）
製品・サービスが実際に獲得し得る市場の大きさ

TAM（Total Addressable Market）
製品・サービスが獲得することの出来る最大の市場
の大きさ

　SOMで表される市場は，製品・サービスを立ち上げた時，最初に狙う顧客層となります。つまり，当初の問題設定をした顧客となり，製品・サービスに一番価値を感じてもらえそうな顧客となります。その際，顧客をできる限り具体的にイメージアップ（後述のペルソナ）できるようにします。そして，製品・サービスを実際に使ってもらい，フィードバックを受け，短サイクルで製品・サービスの改良を行いつつ顧客体験を高めていくことになります。SOMの段階では，顧客を広くとらえず，一番価値を感じてもらえそうな顧客に受け入れられることに注力します。「製品・サービスが受け入れられた」とはこの市場に展開できた時のことと言えます。

　SAMは，事業としてここまで市場を広げたいという目標となる市場規模のことを言います。製品・サービスの価値があることがわかっても，SOMだけでは収益的には十分と言えないかもしれません。「製品・サービスがヒットした」とはSAMの何割かに製品・サービスが展開できたことをいいます。新規に製品・サービスを開発したなら，SAMを1つのゴールとして施策を展開していきます。

　TAMは，ここまで市場を拡大できると，広く製品・サービスが認知されると同時に，多様な用途を持つ複数の市場に展開できたことになります。つまり，「大成功した」ことになります。企画段階では，「この製品・サービスはこういう顧客層にも受け入れられるかも」という市場の設定になります。製品・サー

ビスの用途を抽象化したときに見えてくる市場で，少し夢を持った感じで設定します。

　例を挙げて3つの市場を具体的にイメージしてみましょう。たとえば，カレー屋を開店した場合はこんな感じです。

　　SOM：近所の住民　←　味覚を改善し，リピートや口コミを狙う
　　SAM：都内のカレー好き　←　認知度を高めブランド化を目指す
　　TAM：日本国内のカレー好き　←　名店レトルト商品販売等

　上記の例にも示すように，現在製品・サービスがどの市場を獲得できているかで，打ち手も変わってきます。たとえば，製品・サービスをこれから展開する場合は，SOMに設定した顧客に価値を提供できるように製品・サービスの改善も含めて進めていくべきでしょう。その際は，率直なフィードバックを受けられるように顧客インタビューなどが有効な策かもしれません。また，後述のクラウドファンディングもいい手法です。一方で，SAMの段階だと広告などで認知度を高めるのも重要となってきます。

　企画チームでニーズのとらえ方が異なるとき，今製品・サービスはどの市場に展開できているのか，ターゲットはどの市場なのか再確認してみることで，限られたリソース（人，カネ，時間）を集中させることができます。

（2）　実現したい3つのフィット

　製品・サービスを企画した際は，当面の目標となるSOM市場の獲得に向けて進めていくことになります。その際，CPF，PSF，PMFという3つのフィットを意識していく必要があります。

　　CPF（Customer Problem Fit）
　　　顧客（Customer）の本当の課題（Problem）を理解できているか？
　　PSF（Problem Solution Fit）
　　　顧客の課題（Problem）に解決策（Solution，もしくはProduct）がフィットしているか？
　　PMF（Product Market Fit）

製品・サービス（Product）が，ある市場（Market）にフィットしているか？

CPFは本当に顧客が課題と思っていることを捉えているかどうかの状態を示します。たとえば，「このような製品・サービスを欲しいですか？」に対して「欲しい」という回答が返ってきても，本当に必要としているかもしれませんし，「あってもいいかな」レベルの回答かもしれません。本質的な課題にフィットできないと，実際の購入には至らないでしょう。また，製品・サービスありきのアプローチ（顧客が欲しいと思う場面を探す）になってしまったときは，課題の存在自体が怪しい場合も多く，失敗の確率が高まります。後述のペルソナの設定やカスタマージャーニーの分析を通じて，顧客の本質的な課題（**インサイトともいいます**）を企画メンバー内で「**言語化**」していく必要があります。

PSFは，顧客の本質的な課題が理解できたとして，いい解決策を提供できているかどうかの状態を示します。顧客の課題を捉えられていたら比較的簡単に市場を獲得できるのではないかと思うかもしれませんが，実際に製品・サービスを開発してみると，画面や使い勝手（UI：User Interface）が悪かったり，さほどこれまでの製品・サービスとパフォーマンスが変わらなかったり，さまざまな障害を乗り越えていかなくてはなりません。まだ，収益化前であれば，かけられる検討メンバーの数にも制約があります。当初の顧客を絞ったほうがいいのはこのようなリソースの制約に対応するためと，注力する課題を絞り込むほうが得策であるためです。

なお，PSFに接近しているかを確かめる方法として，製品・サービスを利用した顧客に，「この製品・サービスが使えなくなったら残念か？」，「この製品・サービスを友人や同僚に薦める可能性はどのくらいありますか？」という質問で確認する方法があります。後者は，NPS®（Net Promoter Score）[1]という顧客の満足度を計測する手法で，最近よく使われるようになってきました。

PMFは最終的に市場に受け入れられた状態を示します。製品・サービスはいい解決策なのだが，現実には，製品・サービスを提供しても少数の顧客しかいなかったというケースもあります。また，既存の製品・サービスで十分と考える顧客が多数いるかもしれません。ボリュームのある市場を獲得できるよう，

認知度を高める必要があると同時に，サービスの場合は，顧客が離脱していかないよう短サイクルで改善を繰り返しながら顧客体験を高めていく必要があります。

　以上をまとめると，

　　顧客（C）の本質的な課題（P）
　　　　→課題に対応する製品・サービス（SまたはP）
　　　　→獲得できる市場（M）

の流れでフィット（F）しているかどうか検証していくことがポイントとなります。「そうだよね」という課題に，「これはいいね」という製品・サービスになっており，具体的な顧客がイメージできると，成功の確率は上がると思います。

2　顧客を知る　―ペルソナの設定

（1）　本当に顧客が必要なモノを捉えているか？

　企業の中では，「売上をどうやって増やすか」，「顧客をどうやって増やすか」という議論が繰り返し行われています。ただ，会議で「いいアイデアを考えよう」と言われて頭の中で思いめぐらしても，単なる「思いつき」としか思えないアイデアばかりになってしまうことが多いようです。抽象的な議論に陥らないためには，具体的な顧客像を共有して，その顧客の課題に注目していくのが近道です。3つの市場，3つのフィットが理解できたところで，具体的な進め方を見ていきましょう。

　本書で繰り返し述べることになりますが，大切なのは，顧客の「**インサイト**」をメンバー共通の認識として**言語化**していくことです。インサイトとは，顧客の行動の背景にある意識構造のことを言います。先述のCPFで述べた「**本質的な課題**」に接近するためにはインサイトを知ることが重要となります。

　たとえば，なぜその商品を買ったのか／買わなかったのかは，顧客それぞれの購入（非購入）の背景や理由があると考えてください。このインサイトを捉

えることができると，顧客体験を高められると考えられませんか？

　インサイトを言語化するためには深い洞察を必要とします。そのためには，実在する顧客とその行動を語ることができるレベルまで顧客を具体化していく必要があります。ここで，具体化された代表的な顧客像のことを「ペルソナ」と言います。昨今，顧客セグメント自体が細分化される傾向にあり，デジタルマーケティングに限らず，製品・サービスを購買・利用する典型的なユーザーをイメージ化して，マーケティング施策の有効性を高めるのがトレンドとなっています。

（2）　ペルソナにより顧客を具体的なイメージへ

　飲料や消費財のような製品は，これまでマスマーケティングのほうが有効と言われてきました。現在もマスマーケティングが有効となる側面が残っています。ただし，これまでマスマーケティング主体であった製品においても，例えばファン層のブランドロイヤルティを高めるためには，顧客の具体的なイメージを持つことが重要だと考えられています。ペルソナを設定することで，マンネリ感のあるマーケティング施策から脱却できるかもしれません。

　例えば，図表11-2のように，ペルソナとして製品・サービスを頻繁に使用してもらえるであろう典型的な顧客をイメージ化していきます。現実感を高めるために，架空でもイメージ図を入れたり，名前を付けたりすることも多いです。このように，顧客像を具体化したほうが，次に紹介するカスタマージャーニーでも，顧客の行動や感情に共感しやすいためです。

図表11-2 ペルソナの例

出路 真明（でじ まあけ）さん
男性　既婚　47歳
妻と長女（16歳）の3人家族
都内のマンション
仕事はIT系企業でマーケティング

- 大きな仕事を任されることもあり，仕事にやりがいはあるが忙しい日々
- 子供の手が離れてきたころから，休日に時間が取れるようになってきたので運動不足解消のためジョギングを始め5年
- ジョグ仲間とはSNSと情報交換

　ペルソナと，これまでの属性による**セグメント化**との違いは何でしょう？

　マーケティングの教科書では，セグメント化のためのさまざまな顧客の属性が紹介されています。たとえば，性別，年齢，職業，家族構成など，比較的分類しやすいデモグラフィック属性で分類することが多かったと思います。

　一方で，製品やサービスの企画を行う現場では，「このような人には○○なニーズがあるはずだ」とか，「△△というきっかけからこの製品を購入するはずだ」とか，具体的な顧客のイメージを共有しつつ議論が行われています。これまでのセグメントの属性だけでは，企画チーム内で大事なポイントがなかなか伝わりにくい側面があります。

　つまりペルソナの設定では，生活のシーンやこだわり，また，面倒くささや困りごとを具体的にイメージでき，メンバーが「そうだよね」と共感できるレベルまで具体化します。言い換えると，ペルソナで示される属性は，「属性」＋「行動や感情の理解を助けるための情報」というところでしょうか。旧来のマーケティングではなかなか踏み込めなかった行動属性に近いと考えてください。このような「行動や感情の理解を助けるための情報」は，メンバー間の議論だけでなく，イメージに該当する顧客へのインタビューや行動観察などで設定していきます。

（3）　製品・サービスは受け入れられる？　―CPFからPSFへ

　ペルソナを設定し，どの市場に重点的にアプローチするか見えてきたら，ペルソナで設定した顧客が本当に欲しいもの，もしくは必要なものを提供できているか確認していく必要があります。顧客にとって欲しいと思える製品・サービスとなっているかを整理する方法として，図表11-3に示す「バリュープロポジションキャンバス」があります。

　ここでは，すでに対象となる顧客セグメントが設定できていることを前提としていますが，顧客の仕事や行動（ジョブ）に対する，顧客の利得や喜び（ゲイン），もしくは，悩みやわずらわしさ（ペイン）に対して，製品・サービスが提供する解決策（利得を向上，または悩みを取り除く）が有効か評価するためにキャンバス上に整理していきます。最近は，バリュープロポジションキャンバスで述べる，ジョブ，ゲイン，ペインという言葉が一般的に使われるようになってきました。

　それぞれの項目は，インタビューやSNSの書き込み等，顧客からのフィードバックをもとに企画チームで意見をまとめていくことになります。例えば，図表11-2に示したペルソナの「出路さん」であれば，ジョギング（ジョブ）に対し，友人からの「いいね」のフィードバックがもらえる（ゲイン）や，走った距離の記録の面倒さ（ペイン）を解決するような方法もあります。また，ある顧客がいい製品に出会った時に，新製品の感想などを求める（ジョブ）かもしれません。その際，包装紙等に二次元コードを印刷し，簡単に顧客登録サイトにアクセス（ペインの除去）ができるといいですね。このように，ちょっとしたことでも構いません。設定したペルソナの顧客の行動が続くことが大切です。

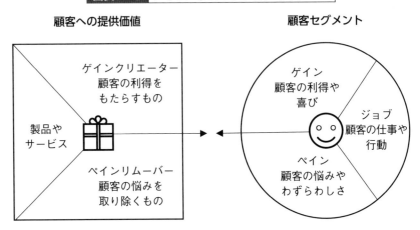

図表11-3　バリュープロポジションキャンバス

顧客への提供価値　　　　　　　　　顧客セグメント

　バリュープロポジションキャンバスが整理できると，企画メンバー間で，CPFでいう解決すべき課題や，PSFでいう製品・サービスのコンセプトが見えてきた，つまり提供すべき製品・サービスの仮説が設定された状態となります。

　ただ，あくまで仮説の段階なので，インタビューなど何らかの方法で顧客に対して評価してもらうことが必要になります。具体的には，試作品やプロトタイプを作成し，実際に評価してもらうことになります。このような試作品のことを，MVP（Minimum Viable Product）と言います。MVPとは，顧客に価値を提供できる最小限のプロダクトのことをいい，顧客が抱える課題（ペインやゲイン）を解決できるかどうかのフィードバックを受けるためのものです。急ぐならMVPは紙に書いたものでも構いません。実際に動くもののほうが検証しやすい場合は，第12章のアジャイル開発手法を通じて短期にMVPを作成し，フィードバックを受けるのも1つの方法です。

3　顧客体験を確かめる　─カスタマージャーニー

　バリュープロポジションキャンバスでコンセプトを固め，いきなりMVPを試すのもありですが，もう少し，顧客の体験を俯瞰的に見たほうが良いと考え

ます。つまり，一連の体験の流れから同時に解決すべきゲインやペインを確認したほうが，より顧客の体験を高められるからです。

　具体的には，設定した顧客が製品の購買やサービスの利用にいたるストーリーを記載し，顧客がどのステージで「価値」や「利得」となるゲインを感じ，「悩み」や「わずらわしさ」となるペインを持っているのか，情報を整理していく必要があります。特に，顧客が引っかかるペインは絶対に取り除いておく必要があります。その上でゲインを高めることができれば，製品・サービス単体では得られない体験，つまり顧客との関係をより良いものにすることができます。この顧客が購買や利用にいたるストーリーのことを「**カスタマージャーニー**」といいます。

　なお，本書では，バリュープロポジションキャンバスを先に紹介しましたが，カスタマージャーニーの作成と前後してもまったく問題ありません。バリュープロポジションキャンバスは製品・サービスレベル，カスタマージャーニーは顧客体験レベルと，記載内容が異なります。すでにある製品・サービスを改良していくなら，現在のカスタマージャーニー整理から始めてもよいと考えます。その場合は，カスタマージャーニーの作成を通じて，バリュープロポジションキャンバスを再整理してコンセプトを固めることをお勧めします。

（1）　カスタマージャーニーで顧客の行動を理解

　先に設定したペルソナに沿って，ストーリー（物語，またはナラティブともいいます）として顧客体験全体を明らかにしていきます。内容的には顧客の生活のシーンとして購買前後を含めた接点の広がりがあるといいでしょう。顧客が製品やサービスに気づいた状況や何らかの困りごとが発生した状況から，実際に製品を購入したり（もしくはあきらめたり），サービスを使ってみる（もしくは利用をやめる）までのステップを記述していきます。また，使用後の再購買・再契約に至るステップについても記載することが大事です。

　具体的な**カスタマージャーニー**の例を見ていきましょう。**図表11-4**は，先ほどペルソナで例示した，ランニングが好きな40代男性「出路さん」のシューズの購入ストーリーです。

図表11-4	カスタマージャーニーの例

ペルソナ：週3日以上走る40代男性ランナーの出路さん

ステージ	行　動	顧客接点	顧客感情	対　策
出会い	・新商品に気づく	・YouTube	○なんか　　かっこいい 😊	・YouTubeのターゲティング広告
関心	・スペックやどんなシーンに向いているのか調べる ・企業SNSに登録	・ホームページの説明や商品紹介 ・情報サイトの商品レビュー	○だんだん　欲しくなってくる 😊	・ホームページに有名人やアドバイザーのコメントなど
悩む	・ほかにも欲しい商品の値段確認	・ECサイト	×最近，シューズにお金使いすぎ ×やはり購入は見送ったほうが 😫	・企業SNSでの発信
購入	・新規会員向けキャンペーンで購入	・ECサイト	△また買ってしまった 😐	・初回割引
使用	・走っていて気持ちいい ・メールマガジン登録	・SNS ・メールマガジン	○また次のシリーズも欲しい 😍	・継続的な情報発信 ・ランニングイベント等への誘導

　インターネットで調べていただければ，さまざまなカスタマージャーニーが紹介されていることがわかります。記載方法はみなさん工夫されているようです。図表11-4の例では，代表的な記載項目を並べています。

（2）　顧客のペインとゲインの解決策を明らかに―顧客体験の設計

　カスタマージャーニーについては，現在のストーリーとデジタルマーケティングの施策実施後のストーリーとをセットで作成することをお勧めします。現在は顧客のペインとゲインを確認するためですが，将来は「こうなるはずだ」というものを記載します。

　まず，ペインは，「面倒くささ」や「不安」のようなものが多いと思います。これらは次のステージに進まない理由となる場合が多いです。ペインを取り除いていかないと，もしくは不安を少なくしていかないと，次のステージに進みません。せっかくの認知に向けた広告も最終的にマネタイズされないと意味がなくなります。ペインを解消し，次のステージに進むための施策を検討するこ

ペルソナ：誰のカスタマージャーニーかを明確にします
ステージ：おおまかな行動のステップです。 　　　　　できれば製品を認知するところから購入後利用するところまであるほ 　　　　　うが望ましいです。（ファネルのAISASでも構いません）
顧客接点：各ステージにおけるメディアとの接点を記載します。 　　　　　オウンドメディアやECサイトだけでなく，SNS等のアーンドメディ 　　　　　アも重要です
行　　動：各ステージでのペルソナの行動を記載します。せっかくペルソナを設 　　　　　定しているので，リアリティがあるほうが良いです
顧客感情：各ステージの行動上の意識を記載します。 　　　　　また，例のように顧客の感情がわかるほうがいいです
対　　策：顧客感情を高める，または問題の解決策を仮説として記載します

とは必要条件と言えます。

　もう1つの**ゲイン**は，顧客が価値を感じるポイントとなります。顧客体験を高めるためには，こちらが重要となります。ゲインは，期待した製品の購入やサービスの契約のタイミングだけとは限りません。情報収集段階で顧客の期待に沿った情報を提供することもそうですし，購入・契約後に使ってよかったと感じてもらえることもとても重要です。たとえば，ペルソナが共感できる人物からのメッセージなどはペイン，ゲインとも効果的かもしれません。

　さらに，顧客とは長く付き合っていきたいので，製品の場合はやや難しくはなりますが，使用時のコトに注目した施策まで考えることができると，よりよいカスタマージャーニーが設計できたと言えます。たとえば，より価値を高める新製品や新しいサービスの情報でも構いませんし，製品の使用が楽しくなるアプリでも構いません。製品・サービスの価値を高めることが一番重要であることを見逃してはなりません。

　図表11-4の例では，ブランドを初めて知るユーザーを想定しています。その際，なかなか思い切れないところがペインとなります。そこで，初回購入のキャンペーンが有効策かもしれません。その後，ファンになってもらうための情報をSNSの企業アカウントを通じて発信すると，情報がさらなるゲインとな

り，次回の購入につながるかもしれません。もしくはイベント参加などを通じて，優良顧客となってもらえるかもしれません。

 マクドナルドのアプリ

マクドナルドの調理はけっこう早いのですが，注文に並んで待つのは苦痛です。また，注文時にモタモタすると定員の方にも申し訳ないと思ってしまいます。これが，マクドナルドに来店する際のペインになっているかもしれません。

マクドナルドのアプリはこれらの問題を解決してくれます。店に到着する前に，自分のペースで注文して，タイミングを合わせて店舗で受け取る。もちろんテーブルで待っていたら注文した製品を運んでくれたりします。ちょっとしたことですが，顧客のペインを解決しているよい例となります。

さらに，クーポンなどもアプリから発行できます。カスタマージャーニー全体で顧客体験を高めていることがわかります。

参考：https://www.mcdonalds.co.jp/shop/mobileorder/
（2022年12月アクセス）

（3）　顧客の顧客体験を確かめる―PMFに向けて

最後に，本当に顧客が必要とするものか確かめていく必要があります。カスタマージャーニーで検討した施策はあくまでも仮説にすぎません。

図表11-5　仮説を確かめる優先順位の決定

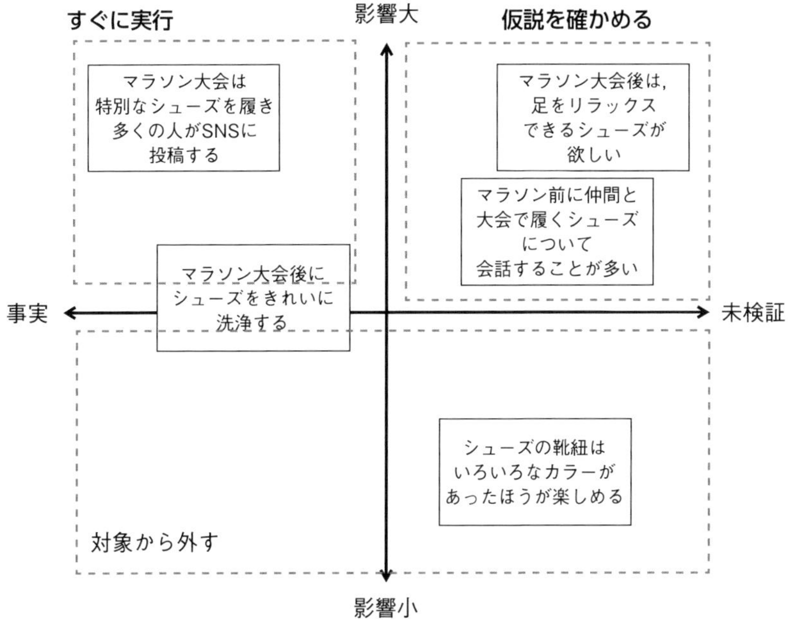

すぐに実行	影響大	仮説を確かめる
マラソン大会は特別なシューズを履き多くの人がSNSに投稿する		マラソン大会後は，足をリラックスできるシューズが欲しい
		マラソン前に仲間と大会で履くシューズについて会話することが多い
事実 ← マラソン大会後にシューズをきれいに洗浄する		→ 未検証
		シューズの靴紐はいろいろなカラーがあったほうが楽しめる
対象から外す	影響小	

図表11-5は，ごく当たり前のことを書いていると思います。仮説を設定した後，類似の実績がある施策ならすぐ実行したほうが良いし（左上の象限），これまでやったことがなければ仮説として確かめるべきでしょう。また，顧客体験に影響が小さいならリソース（人，カネ，時間）をかけるのをやめたほうがよくなります。

もちろん，ここで示した影響度や確からしさは，リストアップされた施策の中で相対的な位置づけとなるので，顧客体験への影響を定量的に評価し，優先

度を決定してから実行しようと考えないほうが良いです。同じ物差しで測ることが難しい施策もあるため，本マトリックスは，定性的でもメンバー間で優先順位の合意を得るためのものと捉えるほうが次のアクションを早期に起こしやすいです。

　施策を検証するとなれば，いくつかの方法があります。1つはペルソナで設定したユーザーに直接聞いてみるという手法です。たとえば，最近はインタビューのマッチングサービス[2]なども提供されています。広く顧客にアプローチできれば仮説で設定した影響力を確かめることが可能となります。

　もう1つは，実際に最小限の機能が組み込まれた製品やサービスをMVPとして作ってみるという方法です。MVPを作成して，実際に顧客に使ってもらって，利用状況等から本質的な課題を解決できそうか試していくこととなります。もちろん，「顧客に刺さらない」というときは，もう一度仮説を設定するところに戻ってきます。

（4）　それは我々が提供すべきことなのか？

　顧客の課題を捉えることができたとしても，少なくとも2つのことを考えてもらいたいと思います。

　1．他社がすでに製品・サービスを提供していないか？
　2．自社がやるべきことか？　自社でできることなのか？

　1つは，他社がすでにそのような製品・サービスを提供しているかもしれません。たとえば，アプリの提供を目指す場合，他社との顧客獲得競争になるため，他社に先行されている状況だと，全く利用が伸びないサービスを開発したことになってしまう場合があります。

　2つ目は，自社がやるべきことか，さらに自社でできるかどうかを評価しなくてはなりません。もちろん大型の投資が必要な場合は，リスクが高くなりますし，特殊な技術を必要とする場合は自社で推進をリードできる専門知識のある人材も必要となります。

　場合によっては自前主義を捨て，他社のサービスを採用することで，早く・簡単に課題を解決できる場合があります。たとえば，決済サービスなどはその

典型例かもしれません。ただ，決済サービスでは売上の数パーセントが課金されるだけでなく，重要な情報を自社でコントロールできない可能性もあります。自社で行うかどうかは，自社が何に注力するか，注力する機能や役割を自社でコントロールできるのかを判断の軸にすべきでしょう。

まとめ

- 製品・サービスを市場で拡大するためには3つのフィットであるCPF，PSF，PMFを達成していかなくてはなりません。そのために，まず顧客の本質的な課題を理解する必要があります。
- 顧客の本質的な課題を理解するためには，顧客をペルソナとして設定し，具体的なイメージとして企画チームで共有できることが重要になります。顧客の具体的なイメージを共有することで，典型的な課題やインサイトが見えてきます。
- 製品・サービスの展開においてデジタルマーケティング施策を考える際には，カスタマージャーニーの作成が有効となります。製品・サービスの使用時まで含めた全ステージで，顧客のゲインとペインを具体化し対策を打つことで，顧客体験を高めることができるだけでなく，企業としても継続的な販売・契約という成果と優良な顧客の獲得が可能となります。
- 施策を検討した後は，MVPなどを通じて検証を行い，改善を行うことでPSFに接近することができます。

第**12**章

ネット上のサービスを成長させる
―ソフトウェアプロダクトの提供

　近年，インターネット上でさまざまなサービスが提供されるようになってきました。一連のサービスがインターネットのみで完結する場合もありますし，物理的な製品を補完する形でサービスとして提供される場合もあります（**図表12-1**）。

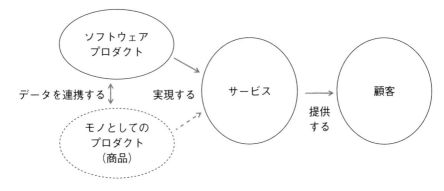

図表12-1　サービスとソフトウェアプロダクトの関係

　インターネット上でサービスを提供するためには，**ソフトウェアプロダクト**[3]が必要となります。スマートフォン上のアプリもその1つと考えてください。

　ソフトウェアプロダクトは，物理的な製品と違い，短期間で機能を見直していくことが可能です。その柔軟性を活かし，顧客が必要とするサービスに対する満足度を計数的にとらえ，PSFやPMFを達成するために正しい方向にサービスを成長させていくことが重要となってきます。

　本章では，第11章で設計した施策のいくつかを，ソフトウェアプロダクトと

してサービスを立ち上げ，成長させていく方法について説明します。それぞれ，専門の書籍が発行されているため，本書では概要が理解できるレベルの解説を行います。

1　ソフトウェアプロダクトの立ち上げ
―リーンスタートアップ

（1）　サービス立ち上げから成長ステージへ

　カスタマージャーニーを作成した段階だと，まだ本当に**顧客体験**を高められるかどうかはわかりません。確かにインタビューの数をこなすと，ある程度顧客に受け入れられそうなサービスか確証を得ることができますが，本当に市場に受け入れてもらうことを考えると検証数はまだまだ限定的です。顧客の行動を変えるような新規性の高いサービスであるほど不確実性が高くなります。そのため，次のステップとして，実際にサービスを小さく立ち上げて検証を行い，ソフトウェアの柔軟性のメリットを最大限に活かしつつ，どんどんサービスを見直していくことになります。

　サービスの立ち上げから成長に向けての大きな流れは**図表12-2**のようになります。

　まず，PSFに接近するための代表的な手法として**リーンスタートアップ**があります。リーンスタートアップとは，「構築➡計測➡学ぶ」のサイクルを短期的に繰り返していく手法です。たとえば，機能の利用状況を計測することでサービスの有効性を検証し，うまくいく方法を採用することで顧客の体験を高めていきます。

図表12-2　リーンスタートアップからグロースへ

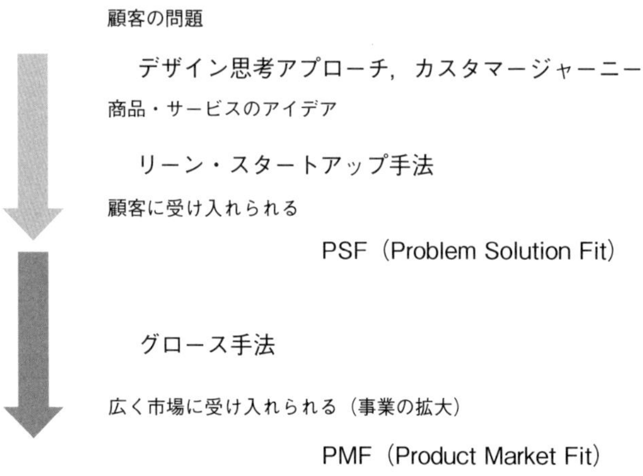

顧客の問題

　　　デザイン思考アプローチ，カスタマージャーニー

商品・サービスのアイデア

　　　リーン・スタートアップ手法

顧客に受け入れられる

　　　　　　　PSF（Problem Solution Fit）

　　　グロース手法

広く市場に受け入れられる（事業の拡大）

　　　　　　PMF（Product Market Fit）

　少数であっても実際に顧客が獲得でき，PSFが得られそうだとわかってくれれば，次のステップでは実際に収益的にも成り立つサービスとして成長（グロース）させていきます。グロースの手法（グロースハックとも言います）の考え方もリーンスタートアップと同じく，「構築➡計測➡学ぶ」のサイクルをベースとしますが，計測においては，より収益につながる，たとえばアクティブユーザー数のような計数を意識することになります。また，機能の改善だけでなく，認知度を上げるためのインターネット広告等のプロモーション策も計測の対象となります。

　近年，フリーミアム型，サブスクリプション型のサービスも増えてきたことから，顧客を飽きさせないことが重要になっています。一度作ったものがずっと通用するということはなく，顧客が共感するサービスを日々改良していく必要があります。

（2）　リーンスタートアップとは

　リーンスタートアップとは，提唱者であるエリック・リースによると，「サイクルタイムの短縮と顧客に対する洞察，大いなるビジョン，大望とさまざまなポイントに等しく気を配りながら，『**検証による学び**』を通して画期的な新製品を開発する方法」となります[4]。

　顧客の嗜好が多様化する時代において，当初のアイデアが永遠に受け入れられるというのは本当に少ないと思います。リーンスタートアップでは，**図表12-3**に示すように，アイデアを実際にサービスとしてソフトウェアプロダクト（図の「製品」）を開発し，利用状況や満足度を計るKPI（Key Performance Indicators）を設定し測定します（図の「計測する」）。計測した結果から，顧客に「受け入れられた／受け入れられなかった」かを評価し（図の「学ぶ」），次の新しいアイデアを試していくこととなります。

図表12-3　リーンスタートアップのサイクル

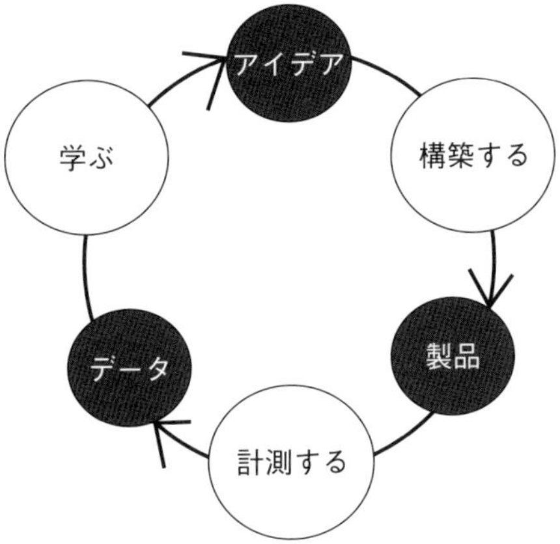

出所：エリック・リース『リーン・スタートアップ』日経BP

　少し補足すると，アイデアは1つだけということはなく，大小たくさんあるアイデアを試していくことになると思います。たとえば，ちょっとしたUI上

のボタンの位置の変更から，提供されるコアなサービスの追加まで，さまざまなアイデアが検証の対象となります。

着想時にアイデア単独で「良い／悪い」を評価する基準を設けることは難しいため，複数パターンを相対的に比較することで，うまくいったほうを残していきます。物理的な製品では難しいですが，ソフトウェアの場合は，利用者によりアクセス先を振り分けることで比較的簡単に検証が可能です。いわゆる「A/Bテスト」と言われる手法です。利用者によってA，Bの2つ（もしくはそれ以上）のアクセスパターンをランダムに配置します。Aのほうが利用者や成約率が高ければ，Aを有効と評価します。

A/Bテストが有効な方法とされるのは，不確定であっても検証を通じて，自然と良いものが残る確率が高まることです。最近はアクセスログ等の細かなデータを確認することも可能であるため，ソフトウェアプロダクトの進化の方法として採用している企業が増えてきました。

（3） 間違っている場合はピボットを恐れない

デザイン思考やリーンスタートアップの方法を知っていたら必ず成功するとは言いきれません。そもそも設定した課題を，顧客は問題視していなかったかもしれません。初期のアイデアについてはうまくいかない場合のほうが多いかもしれません。

「ピボット」とは，当初考えたアイデアがうまくいかなかった場合に方向転換することを言います。先ほどのA/Bテスト等の手法を通じていいものを残していく漸進的アプローチも有効ですが，どのアイデアも目標値に達成しない残念なケースもあります。その場合は思い切って方向転換を図るのも一計です。

どのタイミングでピボットするかは，時間やリソース（資金）にも依存しますが，ピボットの際に変えてはいけないものがあります。

それは，なぜそのサービスを開発しようと考えたかの原点の部分になります。そこまで変えてしまうということは，サービスの開発に取り組もうとしていた動機自体が怪しくなってしまいます。もちろん，売上を上げたいという意図もありますが，そもそもの顧客や社会の課題を解決したいという価値の原点の部分が危うくなると，何のために人や時間を使ってやってきたのかとなってしま

います。これまでに得られた業界の知識も捨てなくてはなりません。サービス開発の原点となる動機を変更するのは好ましくありません。

（4）　リーンキャンバスにまとめてみる

ここまで，ポイントとなるプロセスを示してきましたが，ビジネスモデルとしてまとめる手法として「リーンキャンバス」があります（図表12-4）。ルーツは「ビジネスモデルキャンバス」なので要素的にはよく似ていますが，より初期のステージにフォーカスしていると考えてください。

製品・サービス企画時に，図の①から順番に埋めていくとよいと言われています。ただし，企画段階でリーンキャンバスのすべての項目を精緻に埋めることはお勧めしません。リーンキャンバスが埋まったとして，市場で製品・サービスが成功することを確約しているわけではないからです。一部はざっくりしたものでよいと思いますが，図上のCPF，PSFに相当する要素はしっかり押さえておくとよいと考えます。

図表12-4　リーンキャンバス

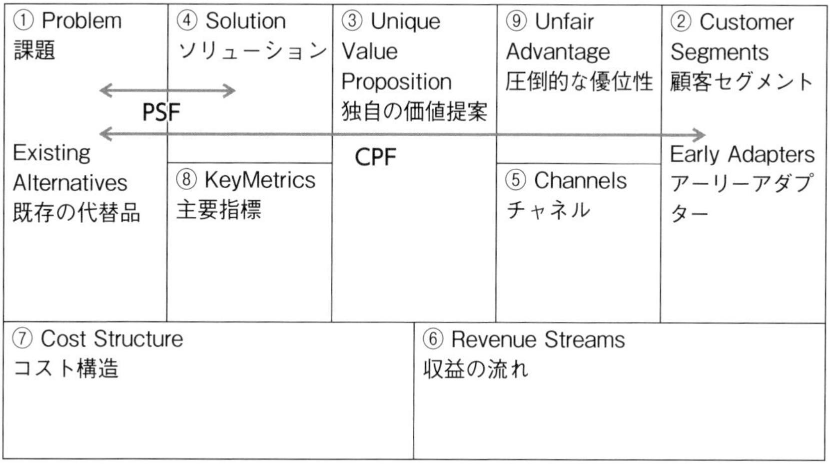

① Problem 課題	④ Solution ソリューション	③ Unique Value Proposition 独自の価値提案	⑨ Unfair Advantage 圧倒的な優位性	② Customer Segments 顧客セグメント
PSF ⟷		CPF		⟶
Existing Alternatives 既存の代替品	⑧ KeyMetrics 主要指標		⑤ Channels チャネル	Early Adapters アーリーアダプター
⑦ Cost Structure コスト構造			⑥ Revenue Streams 収益の流れ	

アッシュ・マウリャ『Running Lean 実践リーンスタートアップ』オライリージャパンをもとに作成

図表12-5 リーンキャンバスの項目説明

項　目		説　明
①	課題	ターゲットとなる「顧客セグメント」に対して解決すべき上位課題（1〜3位）
	既存の代替策	「課題」に対してアーリーアダプターがどのように対処しているか？
②	顧客セグメント	ターゲットにする顧客
	アーリーアダプター	典型的な顧客の特徴（より具体的に）
③	独自の価値提案	他と違っていて注目する価値がある理由（差別化要因）
④	ソリューション	課題への対応案
⑤	チャネル	顧客との接点（プロモーション，流通経路）
⑥	収益の流れ	課金の方法
⑦	コスト構造	製品を市場に送り出すまでのコスト，維持費用
⑧	主要指標	ビジネスがうまくいっているか測る方法（進捗，顧客のライフサイクル転換点）
⑨	圧倒的な優位性	コピー（模倣）の難しさ

出所：アッシュ・マウリャ『Running Lean 実践リーンスタートアップ』オライリージャパンをもとに作成

2　サービスを成長させる　―グロースハック

（1）　グロースハックとは

　グロースハックとは，「製品価値や市場ニーズを正しく把握するためのデータ分析や，さまざまな実験的アプローチを高速で検証，改善することで急成長に結びつけるマーケティング手法」と言われています。Growth（成長，発育）とHack（コンピューターをハッキングする，たたき切る）を組み合わせた造語となります。Dropbox社創業当初のマーケティング部門を支えた，ショーン・エリスが命名した言葉となります。

　図表12-6に示すように，ソフトウェアプロダクトの開発とマーケティング

手法を組み合わせることで，理想としては「成長の永久機関」となることを目指しています。

　特に，ソフトウェアプロダクトをPMFに近づける有力なアプローチの1つと言われています。本アプローチをどこまで意識して取り組んでいるかはさておき，FacebookやTwitterもそうですし，国内ではZOZOTOWNが本手法の採用で知られています。これからサービスを立ち上げようとする多くの企業が参照しているアプローチです。

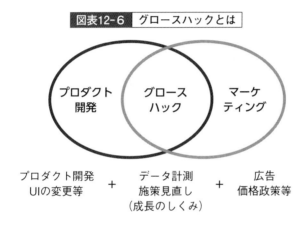

図表12-6　グロースハックとは

　グロースハックは，成長のための施策検討，KPI評価を繰り返すことで成長していくしくみとなります。リーンスタートアップでも述べた，迅速な開発とテスト（KPIの評価）を繰り返す点は同じですが，グロースハックでは，収益的な成長のために，SNSや広告等のマーケティング手法を組み合わせることを強く意識しています。

　つまり，ソフトウェアプロダクトが市場に受け入れられるかどうかを検証するリーンスタートアップの段階では，できればミニマムの費用でMVPを製作し検証を進めたいです。一方で，これから顧客を増やし顧客が収益化を目指すグロースハックの段階では，マーケティングへの投資も組み合わせて，ソフトウェアプロダクトを市場に展開させていく必要があります。

　また，費用がかかるわりに効果が不透明だったこれまでのマーケティング戦

略とも，評価の仕方が大きく異なります。

| 図表12-7 | 旧来のマーケティング戦略とグロースハックの違い |

旧来のマーケティング戦略	グロースハック
● 製品・サービスは企画時から大きく変更しない	● 顧客のマストハブ（なくてはならない）なサービスとなるまで変化し続ける
● 製品・サービスの開発とマーケティングは別組織	● サービス開発とマーケティングは同じチーム
● 月レベルで計画的な広告や価格政策を中心とした施策	● 週次レベルで，アイデアを試すアプローチ
● 売上の伸びや過去の経験的な感覚を重視	● ファネル上のデータを重視

　近年，たとえばGoogleアナリティクスのようなツールを用いて，Webサイトへのアクセス状況などをリアルタイムに知ることが可能となりました。ファネルとしてAARRRを用いたり，A/Bテストやコホート分析等も組み合わせたり，データを活用することで，さまざまな手法が選択可能となります。

グロースハックの成功企業

　　グロースハックの施策を大掛かりなものと捉える必要はありません。

　　例えばオンラインストレージサービスのDropboxの例を見てみましょう。当初，利用者にとってDropboxのサービスはマストハブなサービスでしたが，Dropboxは顧客数の伸び悩みに直面していました。さまざまなデータを分析していると，新規ユーザーの3人に1人は，既存ユーザーの紹介であることがわかりました。

　　Dropboxは，サービスを紹介した側，された側に，それぞれ250MBのストレージを追加する特典を与えたところ，招待メールが飛び交うようになり，そのタイミングでメール文言やサービ

スのUIを変更することで，一気に顧客を獲得することができました。

Dropbox以外にも，たとえば民泊のプラットフォームであるAirbnbは，宿泊先の写真をプロのカメラマンが撮影することで宿泊予約数を数倍に増やすことに成功しました。

これらの事例が示す施策を思いつくのは，それほど難しいわけではありません。ただ，データを用いて分析，検証を繰り返すことによりサービスを成長させている点が旧来の手法との違いとなります。

参照：ショーン・エリス，モーガン・ブラウン（2018）『Hacking Growth グロースハック完全読本』日経BP

（2）　グロースハックのサイクル

具体的な，グロースハックの進め方を見ていきましょう。図表12-8に，全体の流れを示します。リーンスタートアップと同じく，施策と検証を繰り返すサイクリックな進め方となります。

グロースハックでは，まず最終目標となるKGI（Key Goal Indicator）を設定することから始めます（図表12-8の①）。事業として成功の状態を計数化したものなので，たとえば，売上や利益額等が設定されます。なお，図表上①のKGIにはどこからも線が引かれていません。つまり，活動中変わらぬ目標となります。

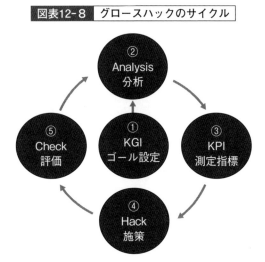

図表12-8　グロースハックのサイクル

出所：金山裕樹，梶谷健人『いちばんやさしいグロースハックの教本　人気講師が
　　　教える急成長マーケティング戦略』インプレス

　次に，KGI達成のための改善箇所を特定していきます（**図表12-8**の②）。
また，改善を測るためのKPI（Key Performance Indicators）も設定します
（**図表12-8**の③）。この時，次項の「AARRRを通じて成長を加速させる」で
説明するサービスの利用状況等が分析のポイントとなります。次に具合的な施
策として，サービスの変更やマーケティング施策を実施し（**図表12-8**の④），
成果を評価します（**図表12-8**の⑤）。

　なお，KGIとKPIの関係ですが，あまり関係が複雑なものを設定するのはよ
くありません。構成要素を因数分解して，因果関係がわかりやすいものを設定
します。

　例えば，インターネット新聞購読サービスの設定例を考えてみましょう（**図
表12-9**）。契約延長率や売上をKGIだとしたら，契約した利用者の満足度を，
代表的な係数としてログイン回数と読んだ記事数に分解することができます。
また，メルマガの発行や記事の推奨機能を施策として考える場合，読まれた記
事数で施策を評価できます。このように計数化していくと施策の有効性を確認
していくことが可能となります。

　このように，サイクルを短期間で繰り返し，設定されたKPIと施策の効果を測ることで，目標とするKGIに近づけていきます。

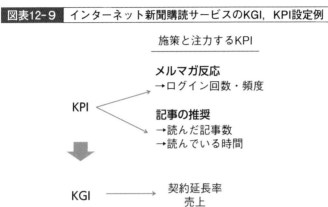

図表12-9　インターネット新聞購読サービスのKGI，KPI設定例

（3）　AARRRを通じて成長を加速させる

　最後にグロースハックでよく用いられるファネルのAARRRについて確認します。AARRRは，起業家，エンジェル投資家であるデイブ・マクルーアが提唱したもので，インターネット上のサービスでよく使われるファネルの1つとなります。

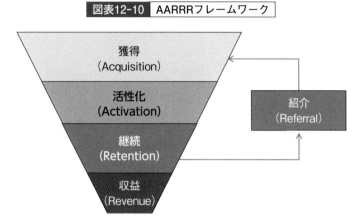

図表12-10 AARRRフレームワーク

獲得
（Acquisition）

活性化
（Activation）

継続
（Retention）

収益
（Revenue）

紹介
（Referral）

出所：金山裕樹，梶谷健人『いちばんやさしいグロースハックの教本　人気講師が
　　　教える急成長マーケティング戦略』インプレス

それぞれの言葉の意味は**図表12-11**のようになります。

図表12-11 AARRRの説明

項　　目	説　　　明
獲得（Acquisition）	ユーザーをどこから獲得しているか？
活性化（Activation）	ユーザーがどれくらい，好ましい経験をしているか？
継続（Retention）	ユーザーは継続してサービスを利用してくれているか？
紹介（Referral）	ユーザーは，友人や，周りに，このサービスを伝えているか？
収益（Revenue）	全体を通じて，ユーザーの行動が的確にマネタイズされているか？

　なお，上位にある獲得ステージから施策の検討を開始したり，すべてのステージで均等に力を入れて取り組むべきではないと言われています。まず重要なのは，提供するサービスが顧客にとって「マストハブ（なくてはならない）」なサービスとなることです。そのためには，獲得したユーザーがしっかりとサービスを利用してくれているか（活性化），また，サービスに価値を認め利

用を継続してくれているか（継続）が重要なポイントとなります。言い換えると，そもそも質の高い顧客体験を達成したサービスなのかと言い換えることができます。十分に顧客満足を得られるサービスを実現できたなら，「獲得」や「紹介」に力を入れることで，目標とする「収益（成長）」を達成することが可能となります。

　別の視点からいえば，顧客体験を達成できていない状態で顧客獲得の施策に取り組んでも，何を新規顧客に伝えるべきか，訴求ポイントがぼんやりとしたものになってしまうでしょう。また紹介もなかなか進まないと予想されます。当たり前のことですが，順番的には露出度の大きい広告等の施策は後回しにして多くの顧客から賛同を得られるサービスにすることが，PMFに到達するうえでの近道となります。

3　ソフトウェア開発をフレキシブルに　―アジャイル開発

　サービスを立ち上げ，成長路線に乗せるための手法として，リーンスタートアップとグロースハックを紹介してきました。ともに，ソフトウェアの柔軟性を活かしてサービスを成長させる手法となります。一方で，ソフトウェア開発手法が旧来の時間のかかる方法だと，スピード感のある事業の成長が望めません。

　本節では，代表的なソフトウェア開発手法である**アジャイル開発**について紹介します。

（1）　アジャイル開発とは

　ソフトウェア（もしくは情報システム）の開発ステップを単純化すると，以下のようになります[5]。

① どのような機能が必要か定義する
　目的を実現するために必要な機能をリストアップし，説明を加えます。「要件定義」ともいわれます。
② ソフトウェアの機能を設計する

画面のレイアウトやデータの持ち方，またボタンを押したときのデータの処理方法等を決めていきます。「機能設計」ともいわれます。

③　プログラムの製作

設計した機能の仕様に沿って「プログラムの製作」を行います。

④　テスト

定義された機能通りに動作するか，また実際に使ってみて見落とした問題がないか「確認（テスト）」を行います。問題がある場合は③に返ります。

⑤　リリース

実際の利用者が使えるようにセットアップを行い，実際にユーザーに使っていただきます。

これまでは，個々のステップで全機能の対応完了を確認しつつ，段階的に進めていくウォーターフォール型開発手法が採用されてきました。この開発手法の難しさは要件定義の部分にあり，必要な機能をプログラムの製作までに固めておかなくてはなりません。

実際に機能をリストアップすると，ユーザーだけでなくシステム管理者の機能やデータのメンテナンス等の機能を含めると，あっという間に当初想定の倍以上の機能がリストアップされることも少なくありません。たとえば100前後の機能を設計・開発する場合，それぞれのステップに2カ月以上かかることも多々あり，最後のリリースまでに1年を超えることもよくありました。

このような期間を要する開発手法には大きな問題があります。つまり開発に1年も時間をかけるので，「1年後のリリースのタイミングでユーザーが必要とする機能が予測できない」ということです。実際リリースしてみたら全く使われない機能を開発してしまうかもしれませんし，サービスに必要な機能に後で気づく場合もあります。時間，お金，人を投入したのにとても残念な結果となってしまいます[6]。

このような問題を解決するために生まれてきたのがアジャイル開発となります。アジャイル開発を単純化して示すと，図表12-12のようになります。開発ステップを小さなブロックに分け，ブロックごとに①～⑤を繰り返し開発す

るコトです。たとえば100の機能が必要なら，20機能ずつ開発するというものです。優先度の高いものから開発し，実際にユーザーが満足する機能か検証できれば，多少の手戻りがあったとしても無駄なく開発できます。検証も，実際に動作するもので確認できるので，ユーザーも評価がしやすくなります。また，小さな単位で開発していくので，要求事項に変化があれば，開発順序を見直し，次の開発に組み込めばよくなります。

図表12-12　アジャイル開発のイメージ

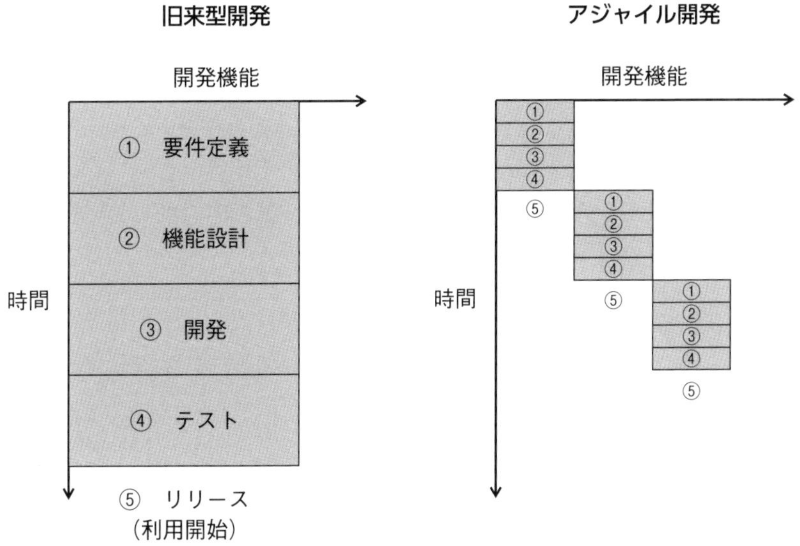

旧来型開発

開発機能

① 要件定義

② 機能設計

③ 開発

④ テスト

時間

⑤ リリース
（利用開始）

アジャイル開発

開発機能

①
②
③
④
⑤

①
②
③
④
⑤

①
②
③
④
⑤

時間

コラム

アジャイル開発宣言

　アジャイル開発は，数週間で新しいプログラムをリリースしていく手法です。単に早く開発するというコトではなく，価値を高める，そして変化をいとわないソフトウェア開発手法と考えられています。

2001年，これらの開発手法に関わった開発者により，「アジャイル開発宣言」が行われました。

私たちは，ソフトウェア開発の実践
あるいは実践を手助けをする活動を通じて，
よりよい開発方法を見つけだそうとしている。
この活動を通して，私たちは以下の価値に至った。
- ・プロセスやツールよりも**個人と対話**を，
- ・包括的なドキュメントよりも**動くソフトウェア**を，
- ・契約交渉よりも**顧客との協調**を，
- ・計画に従うことよりも**変化への対応**を，

価値とする。すなわち，左記のことがらに価値があることを認めながらも，私たちは右記のことがらにより価値をおく。

参考：https://agilemanifesto.org/iso/ja/manifesto.html（2022年12月アクセス）

（2）　アジャイル開発の進め方

　本書では，アジャイル開発の中でも代表的な開発手法である「**スクラム**」について，その概要が理解できるレベルで紹介します。

　まず，第11章でも述べたカスタマージャーニー等をベースに必要機能を洗い出していきます。代表的な手法として，**図表12-13**に示すような**ユーザーストーリーマップ**の作成を行います。アジャイル開発のステップ「①要件定義」に相当します。

　ユーザーストーリーマップでは，関係するユーザー（ペルソナ）単位に「行動」を時系列に記載していきます。合わせて行動を実現するために必要な「機能」をマッピングしていきます。各カードは「○○できる」という形で記載し，ユーザーの顧客体験を高める機能を優先して上位に置きます。この際，ユーザーが達成したいゴールやその理由を記載したりする場合もあります。

　たとえば，家電製品を購入しようとしているユーザーがいるとしたら，「自分の予算や用途に合った製品を選ぶことができる」という行動のために，「複数の製品を選択できる」，「選択した製品の仕様と値段を比較できる」という機能を記載していくことになります。

図表12-13　ユーザーストーリーマップ

対象ユーザー名

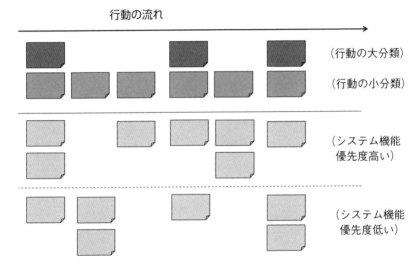

　ここで，優先度を付加して設定した機能群を「**プロダクトバックログ**」といいます。いくつかの機能は，優先度を低く設定した機能とセットで開発が必要となる場合もありますが，リリース前のユーザーレビューでは必ずしも個々の機能が完全に連動していなくても評価ができるので，顧客体験を高めるために必要な機能から開発を進め検証を行います。ある程度それぞれの機能の完成度が高まってきたら，レビューしてもらう範囲をレビューチーム内から実ユーザーへと広げていきます。

　プロダクトバックログの優先度や初期の開発対象が固まると，スクラムでは1つの開発サイクルを示す「**スプリント**」にて実際の設計・開発を進めていきます。スプリントは1週間から長い場合は4週間ぐらいの期間となります。

　各スプリントでは，優先度順にプロダクトバックログを細かなタスクに分解し，**図表12-14**に示す「**スプリントバックログ**」の開発対象（ToDo）として記載します。開発者は各タスクに着手（Doing）し，タスクが終わったら完了（Done）とし，プロダクトの責任者にレビューを行っていきます。その後，システム機能を実際にリリースしていきます。

図表12-14　スプリントバックログ

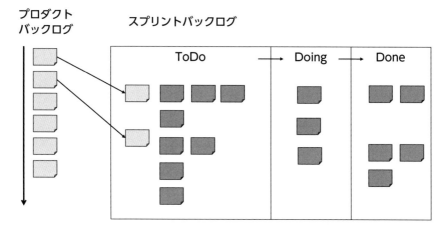

　プロダクトバックログが消化したところで，大きな開発の流れは終了となりますが，リリース後もプロダクトバックログの見直しが入るので，ソフトウェアプロダクトが成長し続ける限り，開発も継続することとなります。

スクラムチーム

　スクラムチームは主に，プロダクトオーナー，スクラムマスター，開発メンバーからなります。
　プロダクトオーナー：ソフトウェアプロダクトの最終責任者で，
　　　　　　　　　　　　ソフトウェアプロダクトの価値の最大化

に責任を持つ（システム開発の実装面に
明るくなくてもよい）

スクラムマスター：スクラム全体が円滑に実施できるよう支
援を行うサーバント型のリーダー

開 発 メ ン バ ー ：3〜8名程度の開発者からなり，ソフト
ウェアプロダクトを開発し完成させる責
任を持つ

　チームによっては，技術面をリードするテックリードやUX/UI
面の設計をサポートするUXデザイナーを別途置く場合もありま
す。

　また，スクラムチームの外に，たとえば経営層や営業等の社内
関係者と実際の顧客であるユーザーがいます。

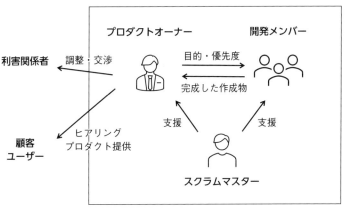

> **まとめ**
>
> - インターネット上のサービスは，ソフトウェアプロダクトで実現され，物理的な製品とは異なりソフトウェアの柔軟性を活かして顧客体験を高めるべくサービス自体を成長させていくことができます。
> - 成長のステージは，初期にサービスをPSFに近づけるためのリーンスタートアップ，実際に収益獲得を目指しPMFを達成するためのグロースハックのアプローチがあります。
> - リーンスタートアップとグロースハックの両アプローチに共通しているのは，成果を指標化して，うまくいった機能や施策を残していくアプローチであることです。よい機能や施策が残ることで，サービスを成長させることができます。
> - ソフトウェアプロダクトの開発では，アジャイル開発という手法が一般的になります。機能の優先度を決め，小さな機能のセットに分け，スプリントと呼ばれる短いサイクルで開発を進めていきます。開発途中の方向転換や機能追加に柔軟に対応できる手法であるといえます。

［第Ⅳ部の注］

1　NPSはベイン・アンド・カンパニー社の登録商標です。

　参　照：https://www.bain.com/ja/consulting-services/customer-strategy-marketing/about-nps/（2022年12月アクセス）

2　たとえばビザスクというサービスは，スポットコンサルという形で，知見者とのマッチングサービスを提供しています。https://visasq.co.jp/

3　一般的には短く「プロダクト」と呼ぶことも多いです。ただし，本書では製品のプロダクトと区別するためにソフトウェアプロダクトと呼びます。

4　エリック・リース（2012）『リーンスタートアップ』日経BP社より。

5　ここで挙げた項目以外にも，ソフトウェア開発に関わる投資決定や，開発チームの立ち上げ，開発環境の整備等のステップがありますが，ここでは省略します。

6　ウォーターフォール型開発はデメリットばかりではありません。必要機能がしっかり定義できたり，専門性の高いエンジニアで役割分担したりしつつ開発を行う場合は，ウォーターフォール型開発が適している場合もあります。

参考文献

● 第Ⅰ部

Kotler, P.（1991）*Marketing Management, 7ᵗʰ ed.*, Prentice Hall.

Kotler, P. and Keller, K, L.（2006）*MARKETING MANAGEMENT, 12ᵗʰ Edition by KOTLER, PHILIP; KELLER, KEVIN LANE.*, Pearson Education, Inc

Lauterborn, R.（1990）New Marketing Litany:4P's Passe; C-Words Take Over, Advertising Age, October 1, p.26.

Ross, J, W. et.al.（2016）Designing Digital Organizations, MIT Sloan CISR Working Paper No. 406, MAR 10, 2016.

Ross, J, W., Beath, C, B. and Mocker, M.（2021）*Designed for Digital: How to Architect Your Business for Sustained Success*, The MIT Press

Weill, P. and Woemer, S, L.（2018）*What's Your Digital Business Model? : Six Questions to Help You Build the Next-Generation Enterprise*, Harvard Business Review Press.

Weise, Elizabeth, Amazon opens its grocery store without a checkout line to the public, USA TODAY, 2018.1.21.

（https://www.usatoday.com/story/tech/news/2018/01/21/amazon-set-open-its-grocery-store-without-checkout-line-public/1048492001/, 2022.8.27アクセス）

ケビン・レーン・ケラー著　恩藏直人監訳（2000）『戦略的ブランド・マネジメント』東急エージェンシー

フィリップ・コトラー，ケビン・レーン・ケラー著　恩藏直人監訳　月谷真紀訳（2008）『コトラー＆ケラーのマーケティング・マネジメント（第12版）』ピアソン・エデュケーション

宮元万菜美（2021）『経営情報戦略入門—文理融合へのいざない』千倉書房

● 第Ⅱ部

Jeffery, M.（2010）*Data-Driven Marketing The 15 Metrics Everyone in Marketing Should Know*, Jhon Wiley & Sons, Inc.

総務省（2021）「令和3年版 情報通信白書」

総務省「令和4年 情報通信に関する現状報告の概要」

https://www.soumu.go.jp/johotsusintokei/whitepaper/ja/r04/html/nf308000.

html#d0308170

総務省「通信利用動向調査」

　　https://www.soumu.go.jp/johotsusintokei/statistics/statistics05.html

照井伸彦，佐藤忠彦（2013）『現代マーケティング・リサーチ―市場を読み解くデータ分析』有斐閣

株式会社電通（2022）「2021年日本の広告費」

森川博之（2019）『データ・ドリブン・エコノミー デジタルがすべての企業・産業・社会を変革する』ダイヤモンド社

● 第Ⅲ部

IDEO「IDEO Design Thinking」https://designthinking.ideo.com/

及川卓也，曽根原春樹，小城久美子（2021）『プロダクトマネジメントのすべて 事業戦略・IT開発・UXデザイン・マーケティングからチーム・組織運営まで』翔泳社

クレイトン・M・クリステンセン，タディ・ホール，カレン・ディロン，デイビッド・S・ダンカン著　依田光江訳（2017）『ジョブ理論 イノベーションを予測可能にする消費のメカニズム』ハーパーコリンズ・ジャパン

経済産業省「電子商取引実態調査」

　　https://www.meti.go.jp/policy/it_policy/statistics/outlook/ie_outlook.html

ジェフ・ベゾス，ウォルター・アイザックソン著　関美和訳（2021）『Invent & Wander―ジェフ・ベゾス Collected Writings』ダイヤモンド社

ティム・ブラウン著　千葉敏生訳（2019）『デザイン思考が世界を変える〔アップデート版〕：イノベーションを導く新しい考え方』早川書房

根来龍之（2019）『集中講義デジタル戦略 テクノロジーバトルのフレームワーク』日経BP

ピーター・ティール著　関美和訳（2014）『ゼロ・トゥ・ワン 君はゼロから何を生み出せるか』NHK出版

藤井保文，尾原和啓（2019）『アフターデジタル オフラインのない時代に生き残る』日経BP

マット・リドレー著　大田直子訳（2021）『人類とイノベーション―世界は「自由」と「失敗」で進化する』NewsPicksパブリッシング

ロバート・F・ラッシュ，スティーブン・L・バーゴ著　井上崇通監訳　庄司真人，田口尚史訳（2016）『サービス・ドミナント・ロジックの発想と応用』同文舘出版

● 第IV部

アッシュ・マウリャ著　角征典訳（2012）『Running Lean─実戦リーンスタートアップ』オライリージャパン

エリック・リース著　井口耕二訳（2012）『リーン・スタートアップ』日経BP

金山裕樹，梶谷健人（2016）『いちばんやさしいグロースハックの教本　人気講師が教える急成長マーケティング戦略』インプレス

ショーン・エリス，モーガン・ブラウン著　門脇弘典訳（2018）『Hacking Growth グロースハック完全読本』日経BP

平鍋健児，野中郁次郎，及部敬雄（2021）『アジャイル開発とスクラム（第2版）顧客・技術・経営をつなぐ協調的ソフトウェア開発マネジメント』翔泳社

索　引

■英　語■

■や　行■

■ら　行■

■わ　行■

［著者紹介］

向　正道（むかい　まさみち）　　　　　　　　　　第Ⅲ部，第Ⅳ部担当

開志専門職大学事業創造学部教授　兼　日鉄ソリューションズ株式会社人事本部専門部長。
IT・デジタルと競争戦略，情報システム構築，IT組織，IT人材育成を専門領域とし，研究者と実務家の両面から活動。
経営情報学会理事，経営情報学会IT資産価値研究部会主査，日本情報システム・ユーザー協会（JUAS）企業IT動向調査部会副部会長，立命館大学OIC総合研究機構客員研究員。
早稲田大学ビジネススクール非常勤講師，東京工科大学非常勤講師を歴任。早稲田大学商学研究科後期博士課程単位取得満期退学。博士（商学）早稲田大学。
【主な著述】
『経営・事業・ITの三者で進める ITマネジメントの新機軸』日経BP社。
『セブン-イレブンとヤマト運輸のIT戦略分析―業界リーダーが持続的競争力をつくるメカニズム』中央経済社。
『CIOのための情報・経営戦略―ITと経営の融合』中央経済社，共著。

宮元　万菜美（みやもと　まなみ）　　　　　　　　第Ⅰ部，第Ⅱ部担当

開志専門職大学情報学部教授。
日本電信電話株式会社，NTTコミュニケーションズ，株式会社情報通信総合研究所上席主任研究員，サイバー大学IT総合学部教授などを経て現職。
経営情報戦略，ITと経営戦略，競争戦略，デジタルマーケティングが専門。
早稲田大学商学部非常勤講師，早稲田大学ビジネススクール非常勤講師，明治大学経済学部兼任講師等を歴任。早稲田大学商学研究科後期博士課程単位取得満期退学。博士（商学）早稲田大学。
経営情報学会副会長。
【主な著述】
『コグニティブ競争戦略』千倉書房。
『経営情報戦略入門―文理融合へのいざない』千倉書房。
「戦略グループ論の今日的再構築のための検討―戦略グループ論をめぐる論点整理」『日本経営学会誌』第23号，pp.14-24。
「戦略グループの経時的変化の研究―資源グループと行動グループの相互関係」『日本経営学会誌』第36号，pp. 14-25。
『データで読み解く　スマホ・ケータイ利用トレンド2016-2017 ケータイ社会白書』中央経済社，株式会社NTTドコモモバイル社会研究所編，共著。

これからはじめる
デジタル時代のマーケティング

2023年9月20日　第1版第1刷発行

著　者　　向　　　　正　　道
　　　　　宮　元　万　菜　美
発行者　　山　本　　　継
発行所　　㈱中　央　経　済　社
発売元　　㈱中央経済グループ
　　　　　パ ブ リ ッ シ ン グ

〒101-0051　東京都千代田区神田神保町1 - 35
電話　03 (3293) 3371 (編集代表)
　　　03 (3293) 3381 (営業代表)
https://www.chuokeizai.co.jp

印刷／東光整版印刷㈱
製本／㈲井上製本所

© 2023
Printed in Japan